못살게 구는 친구에게 당당하게 맞서는 법

그림 리사 만델Lisa Mandel

스트라스부르 장식 예술 학교를 졸업한 후 청소년 잡지사에서 일했다.《에디 밀뵈 Eddy Milveux》시리즈,《니니 파탈로Nini Patalo》시리즈를 그리고 썼다. 2007년 아이들 이 가장 좋아하는 만화책으로《니니 파탈로》시리즈가 선정되어 탕탕 만화상을 수 상했다. 2014년에는 아르테 채널과《수퍼 레인보우Super Rainbow》시리즈를 함께 제 작해 온라인 잡지인《프로페쇠르 시클로프Professeur Cyclope》에 발표했다.

Je me défends du harcèlement
by Emmanuelle Piquet, Lisa Mandel

못살게 구는 친구에게 당당하게 맞서는 법

내가 나를 지키는 괴롭힘 예방·대처 워크북

에마뉘엘 피케 지음 | 리사 만델 그림 | 장한라 옮김

주니어태학

차례

일러두기

● 모든 각주는 옮긴이 주다.
● 본문에 표기된 학년은 프랑스의 학제를 기준으로 표기되었다. 프랑스의 교육 과정
 에서 초등학교 과정은 5년, 중학교 과정은 4년이다. 초등학교는 1, 2, 3, 4, 5학년으
 로 구성되며, 1학년이 가장 낮은 학년, 5학년이 마지막 학년(최고 학년)이다. 6세에
 서 11세 사이의 학생이 다닌다. 반대로 중학교는 6, 5, 4, 3학년으로 구성되며, 6학
 년이 가장 낮은 학년, 3학년이 마지막 학년(최고 학년)이다. 11세에서 14세 사이의
 학생이 다닌다.

혹시 너도 너를 못살게 구는 사람이 너무 무서워서 아무것도 할 수 없었던 적 있니? 이런 일은 학교에서 종종 벌어져. 힘이 가장 세다든가, 아이들을 웃기는 남자아이 때문에 일어날 수 있어. 누구도 감히 건드리지 못할 테니까. 사실 그 아이는 재미있다기보다는 못된 아이인데도 말이지.

영악하게 구는 여자아이로 인해 이런 일이 벌어질 수도 있어. 그 아이가 다른 친구들을 욕해도, 혹시나 따돌림을 당할까 봐 누구도 나서지 못하는 거야. 차마 말할 수 없겠지.

오빠나 형, 언니나 누나 때문에 겁을 먹기도 해. 너를 때리고, 네 저금통에서 돈을 빼가도 가만히 있을 수밖에 없지. 그런 일을 전부 부모님께 알리려고 하면 너를 협박할 수도 있으니까.

엄청나게 무서운 선생님이 앞에 있을 때도 마찬가지야. 소리를 마구 지른다거나, 학생들에게 막말할 때면 얼어버리기도 하잖아. 또 심지어 자신도 모르는 사이에 스스로를 가혹하게

7

대할 수도 있어. 그러면 정말로 힘들어질 수 있지. 어떤 어른들은 '사는 게 원래 다 그런 거야!'라고 할지도 몰라. 뭐, 그럴 수 있다고 해도…… 사실은 절대 아니야!

이런 상황을 내버려 두면, 힘든 상황은 절대 끝나지 않을 거야. 마치 제일 힘이 센 남자아이에게, 사람들을 비꼬는 여자아이에게, 못된 오빠나 누나 또는 가차 없는 선생님에게 계속 너를 괴롭힐 권리를 주는 셈이지. 게다가 이런 상황은 소셜 미디어 아니면 메신저로 퍼질 수도 있어. 그렇게 된다면 너는 방 안에 몸을 숨기더라도 여전히 두렵고 힘들 거야. 그러니까, 산다는 건 그런 게 절대 아니야.

이런 일이 점점 더 자주 벌어진다면, 마치 상처가 계속 덧나는 것과도 같아. 뚱뚱하다거나, 멍청하다거나, '호모'라고 불린다거나, 못생겼다는 취급을 계속 당하다 보면, 네가 아무런 쓸모도 없는 사람이고, 사랑받을 자격이 없다고 스스로 생각하

8

게 될 수도 있어. 마음도 점점 안 좋아질 테고 말이야. 그러면 너를 괴롭히는 사람들에게 반응도 못 하겠지. 사람들 눈에 띄고 싶지 않을 테고, 보건실에 숨어 있거나 심지어 더 이상 학교에 가기 싫어질 수도 있어.

그렇게 되면 살고 있는데도 사는 것 같지 않을 거야. 이런 감정을 느끼게 만드는 모든 행동이 바로 '괴롭힘'이야.

가끔 괴롭힘에 맞서려고 주먹으로 대응하기도 해. 그러다 싸움은 계속 이어져서 결국은 약육강식에 이르고 말지. 성경에는 '눈에는 눈, 이에는 이'라는 구절이 나와. 가해자에게 피해자와 똑같은 고통을 주라는 형벌이야. 오늘날에도 몇몇 국가에서 시행되고 있어.

그런데 이런 대응은 결코 지속 가능한 해결책이 아니야. 우리가 근육이 많다거나, 못되게 행동하지 않아도 다툼에서 벗어나서 이길 수 있어. 이 방법이 제일 좋은 전략, 그러니까 가

장 영리한 전략이지. 여유롭게 상황을 찬찬히 따져 보면서 가
해자를 관찰하면, 가해자를 때리지 않고도(절대 실제로 때리는
건 안 돼) 가해자의 나쁜 마음이나 잔인함을 고스란히 되돌려
줄 수 있어. 이 방법을 '부메랑 효과' 또는 '반격의 화살'이라고
불러.

　이 방법을 익히면 정말 도움이 될 거야! 부메랑 효과는 기술
에 가까운 방법이거든. 평생 써먹을 수 있는 기술이야. 괴롭힘
에 맞서는 기술이지만, 관계를 다루는 기술이기도 해. 나이가
들기 전에 관계를 다루는 법을 배우면 도움이 될 거야.

　물론 너를 귀찮게 굴고, 못살게 구는 가해자들한테 응수하
기란 쉬운 일이 아니야. 가해자들을 멈추는 건 더욱 어렵지. 가
해자들은 어김없이 끈질기게 구니까. 이 책에서는 네게 벌어
질 수도 있는 거의 모든 괴롭힘 상황을 보여 주고자 해. 그리고
그런 상황에서 벗어날 수 있는 아이디어를 알려 주고 싶어. 너

를 괴롭히는 사람(또는 사람들)의 작전을 수포로 만들 전략들을 조금 구상해 봤어. 이런 전략을 활용하면, 누군가가 너를 공격했을 때 생각을 가다듬고, 반박하고, 행동으로 옮길 수 있을 거야. 망설이지 말고 연습해 보고, 친구나 언니, 아니면 부모님에게도 전략을 알려 주면 좋겠어. 대응법을 확실하게 훈련해야 하니까. 전략이 익숙해지면 자신만만하게 상대에게 이렇게 말할 수 있을 거야. '뭐, 시도는 좋았네. 제법이긴 하지만, 그래도 소용없다고!'

부메랑이나 화살을 던지기에 앞서서, 네가 괴롭힘을 당하고 있는 건지 확인할 수 있는 간단한 테스트도 해 보자!

테스트
나도 괴롭힘을
당하고 있는 걸까?

이어지는 질문에 답해 봐!

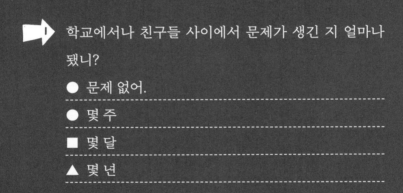

1 학교에서나 친구들 사이에서 문제가 생긴 지 얼마나
됐니?

● 문제 없어.

● 몇 주

■ 몇 달

▲ 몇 년

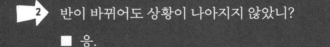

2 반이 바뀌어도 상황이 나아지지 않았니?

■ 응.

● 괜찮아졌어.

● 힘들긴 했지만, 반은 바꾸지 않았어.
----

3 전학을 가도 여전히 힘들었니?

▲ 응.

● 괜찮아졌어.

● 힘들긴 했지만, 전학은 가지 않았어.
----

4 너를 힘들게 하는 아이와(또는 그 아이의 부모님) 네 부모님이 이야기를 나누었지만, 도움이 되지 않았니?

▲ 도움이 되지 않았어.

● 도움이 됐어.
----

5 학교에 있는 어른들이 너를 힘들게 하는 사람 또는 사람들에게 개입했지만, 도움이 되지 않았니?

▲ 도움이 되지 않았어.

● 도움이 됐어.
----

6 네 또래 아이들과 관계를 맺기가 어렵니?

■ 응.

● 아니야.
----

7 힘든 일이 생긴 뒤로 어떤 일이 벌어졌니?

▲ 성적이 떨어졌어.

▲ 집 밖을 나서기가 힘들어.

▲ 눈물이 많아졌어.

▲ 화가 많아졌어.

▲ 형제자매와 싸움이 잦아졌어.

▲ 부모님과 싸움이 잦아졌어.

● 아니야.

점수를 합계해 보고, 네 점수에 해당하는 답변을 읽어봐.

● = 0점 ■ = 2점 ▲ = 5점

 20점 이상

너는 실제로 괴롭힘을 당하고 있어. 해결책을 찾도록
노력해 보자. 네가 믿고 있는 친구나 어른과 이 책을
함께 읽고, 같이 이야기를 나누는 것도 좋아.

➡ 10점~20점 사이

정말 괴로울 것 같아. 그렇지만 이 책을 다 읽고 나면
상황이 분명 빠르게 해결될 거야.

➡ 10점 미만

잠깐 생겨났다가 사라지는 정도의 어려움일 뿐이야.
그렇지만 혹시라도 상황이 나빠지거나, 너보다 심각
한 문제를 겪고 있는 친구를 돕고 싶다면 이 책을 읽
어 보자. 중요한 건 무엇보다도 친구 대신에 괴롭힘
을 해결해서는 안 돼. 친구가 자기만의 화살을 찾도
록 도와야 해.

괴롭힘에 관한 질문들

괴롭힘의 한 가지 형태: 따돌림

따돌림이란 특정한 사람을 의도적으로 고립시키는 괴롭힘이야. 이런 괴롭힘을 겪는 아이들은 학교에서 혼자 지내지. 어느 무리에 들어가려고 해도 거절당하곤 해. 따돌림을 당하면 아주 불행해져. 친구를 사귈 수 없고, 모든 사람이 자신을 피한다는 걸 스스로 잘 알고 있기 때문이야.

이런 상황에서는 어른들이 할 수 있는 일은 딱히 없어. 다른 친구하고 놀라고 억지로 강요할 수도 없거든. 왜 그런지 알려 줄게.

나를 찾아왔던 롤라라는 여자아이가 있어. 어느 수요일, 롤라는 엄마와 함께 친구 조세핀의 생일 파티에 갔대. 조세핀네 현관문이 열리자, 생일 주인공이었던 조세핀이 이렇게 말했어.

"아니, 너는 내가 초대 안 했잖아!"

롤라는 가짜 초대장을 만들어서 생일 파티에 갔던 거야. 그러자 조세핀의 엄마가 부드럽게 말했어.

"그래도 괜찮아. 들어오렴, 얘야. 크게 신경 쓸 일 아니니까."

조세핀의 엄마가 반겼지만, 롤라는 인생 최악의 생일 파티였다고 이야기했어. 아무도 롤라하고 놀지 않았거든. 조세핀의 엄마가 같이 놀라고 조세핀에게 시켰는데도 말이지

다른 아이와 함께 놀지 않는다고 해서 아이들에게 벌을 줄수는 없어. 마찬가지로, 다른 사람에게 우정을 느끼라거나, 다른 사람과 노는 것을 즐거워 하라고 아이들에게 강요할 수도 없지. 그렇게 했다가는 사람들 사이의 관계가 꼬이고 마니까.

괴롭힘 피해자들은 보통 어떤 사람들일까요?

피해자의 전형적인 유형 같은 것은 없어. 이 사실을 잘 알아야 해. 어떤 어른들은 머리가 갈색이거나, 뚱뚱하다거나, 몸집이 작다거나, 옷을 못입어서 괴롭힘을 당한다고 생각하기도 해. 그렇지만 그건 틀렸어. 괴롭힘이 시작되는 이유는 취약함과 두려움 때문이야. 힘이 센 사람이 기가 막히게 알아채는 두려움이자 괴롭힘이 시작되면 한층 더 심해지는 두려움이고, 절대로 끝나지 않을 듯한 두려움이야. 어떤 아이들은 무슨 레이

더라도 가지고 있는 것 같아. 찰나의 순간에 스스로 자신을 지킬 수 없는 사람이 누구인지 빠르게 파악하잖아. 가해자는 누가 약한지 파악하면 곧바로 공격하기 시작해. 자신의 공격이 먹힌다는 사실을 확인한다면, 괴롭힘을 이어가게 될 거야. 취약한 아이가 스스로를 제대로 방어하지 못할 테니까. 그렇게 엔진이 돌아가는 것이지.

그렇지만 취약해지는 일은 누구에게나 벌어질 수 있는 일이야. 나는 날씬하고, 멋있고, 옷도 잘입고, 범생이도 아닌데 괴롭힘에 시달리는 청소년들을 만나 봤어. 뚱뚱하고, 키가 작고, 옷을 못입는데 한 번도 괴롭힘을 당하지 않는 아이들도 아주 많아. 그건 그 아이들이 취약하지 않아서일 수도 있고, 그 아이들이 취약하긴 하지만 그런 취약함이 눈에 띄지는 않아서일 수도 있어.

괴롭힘 가해자들은 보통 어떤 사람들일까요?

이것도 마찬가지야. 괴롭힘 가해자를 알려 주는 몽타주 같은 건 없어. 청소년과 어린이 대다수는 친구를 사귀어야 한다는 생각에 조금은 집착해. 특히 혼자 지내서는 안 된다고 생각하지. 그 가운데 어떤 아이들은 이런 두려움을 떨쳐내려고 다른 아이들을 겁주기도 해. 그렇게 할 때 어떤 아이들은 괴롭힘 가해자를 유독 더 두려워하지. 그러면 악순환이 시작되는 거야.

이건 맹세코 단순히 재미있으라고 하는 농담이 아니야. 괴롭힘 가해자도 밤에 혼자 있으면 정말 두려울 거야. 언젠가 자신도 외톨이가 될 수 있으니 두려운 거겠지. 그래도 피해자가 느끼는 두려움보다야 덜하지 않을까. 아무래도 취약한 아이들에게 계속 겁을 주기만 한다면, 자신이 외톨이가 되는 일은 절대로 일어나지 않는다고 생각하니까. 괴롭힘 가해자가 자신의 우위를 유지하는 유일한 방법은 피해자가 계속 두려워하는 거야. 그러니 피해자가 두려워하지 않는다는 것을 괴롭힘 가해자가 알게 된다면 괴롭힘 가해자는 자신의 힘이 약해졌다고 느끼게 될 거야.

어른들은 어떤 도움을 줄 수 있나요?

우리를 사랑해서 괴롭힘으로부터 지켜내려는 어른들이 직접 나선다고 해도 문제가 생겨. 바로 어른의 도움이 상황을 악화한다는 점이야. 네가 열세 살인데 네 어머니가 너를 괴롭히는 아이의 어머니를 찾아갔다고 생각해 봐. 그러면 괴롭힘 가해자를 비롯한 모든 사람이 네가 꼭 세 살 짜리 아이 같다고 생각할 거야. 이런 방법은 인기를 높이는 데에도 도움이 안 되고, 취약하지 않다는 분위기를 만들어 내는 데에도 도움이 안 돼. 꼭 이마에다 '나를 계속 괴롭혀도 돼. 나는 엄마가 없으면 아무것도 못 하거든.'이라는 말이 적힌 포스트잇을 붙인 셈이야. 더 최악인 행동은, 너를 괴롭히는 가해자를 엄마가 직접 만나러 가는 일이야. 어떨 때는 효과가 있기도 하지만, 아주 위험한 행동이거든.

　학교에 있는 어른들은 주로 괴롭힘 가해자를 처벌하는 방식으로 괴롭힘 문제에 개입해. 그런데 학교에서 처벌받는다고 해도 아랑곳하지 않는 아이들도 있어. 심지어는 벌을 받는 것이 꼭 메달을 받는 것처럼 여겨지기도 해. 설령 이런 경우가 아니라 하더라도, 가해자는 훨씬 더 교묘한 방법으로 괴롭힘을 이어갈 수도 있어. 처벌을 피하기 위해서지. 그리고 직접적인 공격은 멈춘다고 하더라도, 피해자가 여전히 따돌림을 받거나, 존중받지 못하기도 해. 그래서 학교에서는 전문가 집단을 조직해서 괴롭힘 때문에 어떤 형사처벌을 받을 수 있는지, 어떤 정신적인 피해가 생겨나는지를 학생들에게 설명해. 괴롭힘 가해자들은 자신들이 끼치는 피해가 어떤지를 딱히 생각해 본 적 없기 때문이야. 그렇지만 이런 해결법들이 아무것도 효과가 없다면, 그때는 다르게 생각을 해봐야 해.

　내가 생각하기에 가장 좋은 전략은 어른과 네가 이 책을 함께 읽으며 괴롭힘에 대처할 수 있는 '부메랑 대응법'을 찾아보는 거야. 이 방법이 탁월한 효과를 내지 못하더라도 가해자에게 교육하거나 처벌할 기회는 여전히 남아 있을 거야. 적어도 네가 할 수 있는 모든 노력을 한 것이니까. 그것만으로 이미 용기 있는 행동이야.

괴롭힘 피해자였다가 괴롭힘 가해자가 될 수도 있을까요?

미국에서 괴롭힘 피해자들이 엄청나게 폭력적으로 돌변해 자기가 다니던 고등학교에서 학살을 벌여 복수한 사례들이 있어. 그렇지만 이런 경우는 비교적 드물어. 나는 상담하려고 찾아왔던 아이들 가운데 괴롭힘 피해자였다가 가해자로 바뀐 경우는 한 번도 본 적이 없어. 괴롭힘을 당하는 아이들에게 내가 제안하는 것은 저항할 수 있는 부메랑이나 화살을 마련하는 일이거든. 다시 말해, 공격할 때는 쓸 수 없는 무기인 거야. 이 부메랑이나 화살이 효과를 내려면, 괴롭힘 가해자가 저지르는 폭력을 자양분으로 삼아야 해. 그래서 이 부메랑이나 화살을 '말로 하는 유도'라고도 불러.

괴롭힘 가해자였다가 괴롭힘 피해자가 될 수도 있을까요?

물론이지. 핵심은 취약함이야. 누군가가 약해질 만한 사건은 차고 넘치잖아. 우리가 사랑하는 사람이 세상을 뜨거나, 부모님 가운데 누군가가 실직 혹은 이혼하거나, 이사를 갈 수도 있지.
　관계에서 고정된 것은 아무것도 없어. 사람이 무조건 약하다거나, 강하다는 생각은 오해야. 더군다나 우리가 관계를 맺을 때면 언제나 직접 움직이며 개입할 수 있어. 반면, 관계 밖에 있을 때는 할 수 있는 일이 그리 많지 않아. 그래서 어른들이 너를 대신해서 아이들 관계에 개입하려 하면, 효과가 없는 거야.

괴롭힘을 당하지 않으려면 어떻게 해야 할까요?

다른 사람들을 괴롭히는 데 도가 튼 아이들이 가장 잘 감지하는 것은 바로 취약한 아이의 '자세'와 '태도'야. 네가 괴롭힘을 당하고 있거나, 당할까 봐 두려워할 때 포착되는 대표적인 모습이 있거든. 고개를 어깨 사이에 파묻힐 정도로 푹 숙인다거나, 괴롭히는 아이들을 피하거나, 사람들 눈에 띄지 않도록 숨는 자세나 태도가 오히려 너를 알맞은 표적으로 만들어. 괴롭힘 가해자들은 그런 모습을 잘 파악해. 그런데 위축되는 상황에서 자세를 바꾸기란 어려워. 하지만 태도는 바꿀 수 있어. 두려움을 덜어내고 태도를 바꾸기 위해서는 무언가를 말하고 행동으로 옮겨야 해. 내가 알려 주는 황금 법칙, '180도 법칙'을 잘 따라 해 보자. 이 책을 읽는 내내 내가 추천할 법칙이거든.

합기도나 유도를 배우는 것도 자세를 바꾸는 데 도움이 될 수 있어. 그렇게 하면 싸움을 벌이는 일이 덜 무서워질 거야. 다른 사람들도 그 사실을 느낄 테고, 너를 표적으로 삼지 않겠지. 가해자들이 너를 공격하는 일이 괴롭히는 것보다 훨씬 위험하다고 생각하게 된다는 뜻이야. 그렇지만 그렇게 하기 전에 적어도 상대방의 눈을 똑바로 보는 연습이 필요해. 때로는 이렇게 간단히 시선으로 자기주장을 하기만 해도 충분한 효과를 발휘하니까.

행동하자!

네가
직접 해볼
차례야!

▶ 괴롭힘당하는 아이를 본 적
있니? 어떤 상황이었어?

▶ 피해자의 행동이 효과가 있
었어?

▶ 피해자의 태도에서 어떤 점
이 눈에 띄었어?

▶ 만약에 너라면 어떻게 했을
것 같아?

▶ 피해자는 상황을 바꾸려고
어떻게 노력했어?

"학교에 가면
애들이 저를
가만두지 않아요."

첫 번째 이야기

저는 장-폴이라고 해요. 제가 엄마에게 자주 하는 얘기지만, 철학자 '장-폴 사르트르'랑 똑같은 이 이름부터가 문제예요. 그러니까 하나도 도움이 안 된다는 거죠. 우연이겠지만 엄마도 제가 그런 범생이가 될 줄은 상상도 못 했을 거예요.

학교에서는 제게 아무도 말을 걸지 않아요. 제가 먼저 말을 걸지도 못하죠. 저랑 어울려 지냈다가는 덩달아 불똥이 튀어서 곤란해질 테니까요. 뤼카스와 그의 친구들 때문이에요. 뤼카스의 부하들은 여러 명인데, 뤼카스는 적으면 5명, 많으면 8명이나 데리고 다녀요. 부하를 8명이나 데리고 다니는 날은 정말 최악이죠.

뤼카스는 누가 봐도 잘생긴 남자아이예요. 인기도 엄청 많아요. 심지어 선생님들도 그 애를 무서워해요. 그래서 뤼카스는 마음대로 행동해도 문제가 없어요. 별 탈 없이 지나가죠. 말하자면 힘이 엄청 세다는 거예요. 뤼카스는 덜미가 잡히더라도 천사 같은 얼굴을 하며 착한 척을 해요. 그러면 어른들은 쉽게 넘어간다니까요.

그런 뤼카스가 제일 좋아하는 건 바로 저를 욕하고 때리는 일이에요. 뤼카스는 9월부터 쉬는 시간마다 저를 괴롭히고 있어요.

학교에서 가면 정해진 대본이라도 있다는 듯이 매번 비슷한 일이 벌어져요. 오늘 아침 이야기를 해 줄게요. 그게 제일 생생하니까요. 저는 벤치에 앉아서 책을 읽고 있었어요. 참, 제가 아까 얘기했었죠? 철학자 장-폴 사르트르와 똑같은 이름을 가지고 있어서 그런지 저도 범생이예요. 시험 평균 점수는 20점 만점에 18점 정도고요. 키는 작고, 안경을 썼어요. 그리고 근육이 얼마나 있는지를 따져 보자면, 굳이 얘기하고 싶지 않을 정도로 보잘것없어요. 이렇게 보잘것없는데 책도 읽지 못한다면 정말로 비참할 거예요. 쉬는 시간 15분 동안 제자리에서 가만히 플라타너스만 쳐다보거나, 주변을 돌아다니는 건 상상만 해도 힘들거든요. 게다가 이러면 뤼카스네 무리가 저를 쫓아올 테고 말이죠.

아무튼 책을 읽고 있었는데, 뤼카스가 부하들을 데리고 '그냥 둘러보는 거야' 같은 분위기를 풍기면서 다가왔어요. 멀리서 봤을 때 사람들 눈에 안 띄려고 그러는 거예요. 그러다가 뤼카스는 저를 보고 깜짝 놀라는 척을 하면서 말했어요.

"아니, 이 짜증 나는 녀석. 또 혼자 이러고 있는 거야?"

뤼카스의 심복인 바스티앙이 이렇게 얘기했어요.

"아냐, 얘한테는 어릴 때부터 머릿속에 만들어 둔 상상 속 친구가 있다고. 그 친구에게 문자까지 보내는 것 같던데."

그러자 뤼카스네 무리가 전부 큰 소리로 저를 비웃었어요. 그러더니 뤼카스가 제 옆에 앉았어요. 뤼카스네 무리가 둘러싸고 있어서 다른 사람들 시선이 닿지 않았죠. 뤼카스는 팔꿈치로 제 옆구리를 쿡 찌르며 말했어요.

"야, 이번 주말에 파티 열 거야? 네 할머니랑?"

다시 커다란 비웃음이 터져 나왔어요. 뤼카스는 제 목덜미에 나 있는 짧은 머리칼을 잡아당겼어요. 너무 아팠죠. 그래서 이렇게 부드러운 목소리로 말했어요.

"그만해, 이제 놓아줘……."

그랬더니 뤼카스가 단숨에 자리를 박차고 일어났어요. 꼭 연극을 하는 것 같기도 했죠. 그러고는 이렇게 물었어요.

"하나밖에 없는 친구에게 이런 식으로 고마워하기야, 인기쟁이 장-폴?"

이것만 봐도 뤼카스가 얼마나 영악한지 알겠죠? 뤼카스는 제 책가방을 가져가더니 안에 든 물건을 땅바닥에다 쏟았어요. 그리고 자리를 떴죠. 뤼카스가 떠나고 저는 눈물을 참으며 물건을 다시 가방에 주워 담았어요. 예전에 뤼카스가 제 휴대폰을 망가뜨렸을 때는 울고 말았지만요.

한 달 전부터 뤼카스는 교실에서도 저를 표적으로 삼았어요. 그렇게 괴롭힌들 누구도 상관하지 않는다는 걸 알고 그러는 거예요. 어제는 자기 컴퍼스를 위쪽으로 향하게 해서 제 자리에다 놓아두었어요. 저는 자리에 앉다가, 진짜로 너무 아파서 소리를 질렀고요. 뤼카스네 무리가 웃는 소리보다 더 클 정도로 말이에요. 저는 학생부로 불려 갔어요. 선생님은 이렇게 얘기했죠.

"자제할 줄 알아야지, 장-폴. 소리를 너무 크게 질렀다는 생각 안 드니?"

"죄송합니다."

이런 상황이 있고 나서는 열네 살이 넘는 사람에게는 절대 말할 수가 없어요. 게다가 고자질하는 사람은 학교에서 오래 살아남을 수도 없죠. 이미 저는 여러 번 말했기 때문에 더는 도움을 구할 수도 없어요. 언젠가는 제풀에 지쳐서 뤼카스가 관두지 않을까 생각해요. 그렇지만 이렇게 생각을 한 지도 이제는 벌써 여덟 달째인데, 아직도 멈추지를 않아요.

저녁이 되어서 침대에 누워 있으면 그런 생각을 해요. 제가 만약 근육이 더 많고 키가 더 컸다면, 뤼카스를 벽에 밀어붙이고, '이제 날 가만 놔두라고!'라고 말했을 거예요. 그런데 뤼카스네 무리는 여러 명이고, 저는 키나 몸집도 작으니 그럴 수 없어요. 6월이 되어도 상황이 달라지지 않으면, 엄마에게 전학을 보내달라고 부탁할 생각이에요.

➡️ **네 생각을 들려줘!**

▶ 네가 친구들에게서 목격했던 상황과 장-폴의 사례에 어떤 공통점이 있니?

▶ 장-폴이 반 아이들은 악영향을 받을까 봐 무서워서 아무도 본인과 얘기하지 않는다고 했을 때, 악영향은 무엇일까?

▶ 너도 이런 식의 악영향을 받을까 봐 두려웠던 적이 있니?

▶ 만약 네게 실제로 그런 일이 벌어진다면, 너는 어떻게 할 거야?

괴롭힘, 어떻게 끝낼 수 있을까?

 너도 이 법칙을 익히면 괴롭힘에서 쉽게 벗어날 수 있어!

▶ 1 문제가 계속되면 이 문제를 악화시킨 일은 무엇이고, 이것을 해결하기 위해 어떤 일들을 했는지 분석해야 해.

▶ 2 분석했다면 그동안 시도한 해결책 중에서 문제를 더 나쁘게 할만 한 공통된 부분이 있는지 확인해야 해.

▶ 3 마지막으로 앞서 발견한 공통점과 반대되는 무언가를 찾아야 해. 왜냐하면 바로 그 공통점이 상황을 악화시켰던 거니까.

이게 바로 황금 법칙이야.
이른바 '180도 법칙', '전략적 부메랑 법칙',
'저항의 화살 법칙'이라고도 해.

자 그러면, 장-폴의 사례를 살펴보자. 장-폴이 문제를 해결하려고 했던 방법들을 도식으로 나타내 본다면(도식을 활용하면 이해하는 데 도움이 되거든), 이렇게 그려 볼 수 있어.

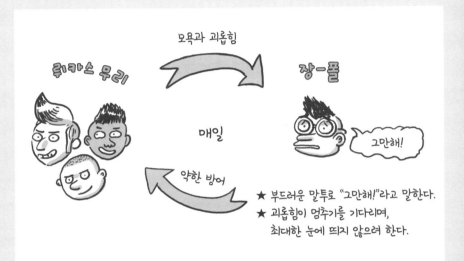

여기서 공통점은 '그만해'라는 말이야. 그렇지만 너무도 부드럽게 말한 탓에, 사실상 장-폴이 '계속 괴롭혀도 돼. 나한테 욕을 하고 나를 괴롭히더라도 전혀 위험하지 않아. 어떤 일이 벌어져도 나는 스스로 방어하지 못할 테니까.'라고 말한 셈이야. 따라서 장-폴이 계속 말했던 '그만해'를 180도 바꾸면 '계속해'라는 말이 될 거야. 이 말을 하려면 그만하라는 말보다 더 세게 얘기해야 해. 그러면서 뤼카스가 계속 공격할 때 자신이

얼마나 강하게 말할 수 있는지 뤼카스네 무리에게 보여 주는 거야. 이렇게 용기를 내서 180도 방향 전환을 할 수 있도록 나는 장-폴에게 조언해 주었어.

"뤼카스가 다가와서 너에게 짜증 난다고 말하면 이렇게 대답해. 주위에 있는 사람들이 전부 다 들을 수 있도록 목소리를 크게 해야 해.

'엄청나게 짜증 나는 녀석은 너지. 너는 사회생활을 하려면 나한테 꼭 말을 걸어야 하잖아.'

그 말에 뤼카스가 이렇게 대답한다고 상상해 보자.

'무슨 소리야, 범생이 녀석?'

그러면서 네 머리카락을 잡아당기거나, 네 뺨을 때릴 수도 있겠지. 그러면 이렇게 콕 집어서 얘기해 줘.

'봐봐, 너는 쉬는 시간마다 항상 나랑 놀잖아. 안 그러면 너는 네 삶이랄 게 없으니까.'

이쯤 되어서 뤼카스가 '닥쳐, 멍청아'라면서 소리를 지르고 자리를 뜨면, 이렇게 속삭여 주면 될 거야.

'내일 봐. 나 없으면 너는 아무것도 아니란 사실 잘 기억해야 된단다.'"

너도 알 수 있겠지만, 장-폴은 아주 똑똑한 아이야. 장-폴은 거울 앞에 서서 점점 더 강하게 말하는 연습을 어느 정도 한 뒤에, 첫 번째 화살을 쏘았어. 거기다 자기가 앉아 있는 벤치 옆

자리를 톡톡 두들기면서 정확하게 말했지.

"짜증 나는 녀석은 너야. 너는 사회생활을 하려면 나한테 꼭 말을 걸어야 하잖아. 이리 앉아서 얘기 좀 해 보자고, 이 자식아."

뤼카스는 얼굴이 새빨개지고, 바스티앙은 약간 신경질적인 웃음을 터뜨렸다고 장-폴은 미소를 지으며 이야기해 주었어. 뤼카스는 바스티앙을 쳐다보며 이렇게 말했지.

"쓸모없는 녀석, 넌 뭘 또 웃어?"

뤼카스는 즉시 자리를 떴어. 다른 아이들은 평소보다 조금 더 멀찍이 떨어져서 그 뒤를 따라갔지. 장-폴의 책가방 속 물건들은 다행히 무사했어.

다음 날부터 장-폴은 뤼카스를 마주칠 때마다 팔을 활짝 벌리고 끌어안는 시늉을 했어. 그럴 때마다 뤼카스는 시선을 돌렸지. 뤼카스는 더 이상 장-폴이 앉아 있는 벤치로 다가오지 않았어. 장-폴은 전학을 갈 필요가 없다고 마음을 먹었지. 왜 그랬는지 들어봐.

"뤼카스 얘기를 하다가 친구가 몇 명 생겼거든요."

네가
직접 해볼
차례야!

▶ 네가 보기에 장-폴에게 가장 힘들었던 점은 무엇인 것 같아?

▶ 뤼카스가 다시 공격하러 올 때 장-폴이 쏠 수 있는 또 다른 말 화살을 적어 봐.

"애들은
필요할 때만
저를 찾아요."

두 번째 이야기

아침마다 등교할 때면 베레니스와 여자아이들 때문에 걱정이
에요. 제게 아침 인사를 해 줄지, 저를 모르는 척하면서 멀어지
자마자 '쟤는 더러운 애라니까' 같은 나쁜 말을 하면서 몰래 욕
할지 알 수가 없거든요.

거의 두 달에 한 번은 이런 일이 일어나요. 그러고는 일주일
에서 열흘 정도 이어지죠. 이 기간에는 제가 베레니스 무리에서
완전히 쫓겨나게 돼요. 그러다가 시간이 흐르고 나면 베레니스
와 제일 친한 친구인 록산느가 제게 와서 이렇게 얘기해요.

"있지, 베레니스가 다시 와도 괜찮대. 그렇지만 조금 더 어
른스럽게 굴라고 그랬어."

그러면 제가 이렇게 말해요.

"알았어, 약속할게. 미안해."

베레니스 무리에 함께 있으면 정말 기분이 좋아요. 왜냐하면 베레니스 무리는 학교에서 엄청 유명하거든요. 저녁마다 '스카이프'★나 문자로 몇 시간씩 수다를 떨어요. 주말에는 서로의 집에 가서 신나게 놀죠. 저는 다 같이 모여 있을 때면 말수가 적어져요. 바보 같은 말을 했다가 무리에서 쫓겨날 수 있어서 너무 두렵거든요. 그렇지만 이 방법도 딱히 생각대로 잘 먹히지만은 않아요. 그렇게 조용히 있으면 베레니스와 록산느는 제가 아무 말도 하지 않는다며 쓸모없다고 말해요. 그리고 두 사람은 이렇게 덧붙일 때가 많아요.

"네가 그나마 예쁘게 생겨서 다행이야."

엄청나게 상처가 되는 말이지만, 그냥 웃고 말아요. 저를 무리에서 쫓아낼 구실을 만들고 싶지 않거든요. 베레니스 무리와 함께 놀면 좋긴 한데, 너무 스트레스를 받아서 말도 제대로 할 수 없어요.

무리 바깥에 있을 때, 저는 아이들과 거리를 둬요. 억지로 끼어들려고 하면 상황이 더 안 좋아질 테니까요. 대신 무리 주변을 맴돌아요. 혹시나 록산느가 저를 찾는다면 빨리 찾을 수 있도록 말이죠. 다른 아이들하고도 많이 말하진 않아요. 제가 다

★ 스카이프
인터넷전화 프로그램이다. 전 세계 어디서든 음성, 영상전화가 가능하다.

른 사람한테 관심을 두는 걸 베레니스네가 봤다가는, 저를 완전히 무시하게 될 수 있잖아요. 그건 너무 무서워요.

제가 혼자 있을 때면 다른 여자아이들이 같이 밥을 먹자고 오기도 해요. 특히 베르티유와 소아나가 자주 그래요. 착한 아이들이죠. 그렇지만 이 아이들과 노는 게 베레니스네하고 노는 것과 똑같지는 않아요.

언젠가 한 번은 엄마에게 그동안 있었던 일을 전부 고백했어요. 그랬더니 엄마가 엄청 신경질을 냈어요. 엄마는 이렇게 얘기했죠.

"걔네 말고 더 괜찮은 친구들을 찾아야지."

그렇지만 저는 베레니스 무리에 들어가고 싶거든요. 엄마는 제 마음을 이해할 수 없어요. 그런데 엄마와 이야기를 나눈 뒤에 끔찍한 일이 벌어졌어요. 저희 엄마가 록산느네 엄마에게 연락하려고 했거든요. 록산느네 엄마와 저희 엄마는 예전 직장에서 동료였기에 서로 알고 있었죠. 저는 제발 연락하지 말라고 애원했어요. 연락했다가는 분명 무리에서 쫓겨날 테니까요. 그러면 최악의 십 대 시절을 보내게 되겠죠. 다행히 엄마가 연락하지는 않았어요.

정말로 지긋지긋해요. 베레니스네가 저를 버릴까 봐 마음 졸이는 것도, 제가 외톨이라는 생각에 너무 슬퍼하는 것도 모두 지긋지긋해요.

➡ 네 생각을 들려줘!

▶ 네가 보기에 마농은 어떤 선택을 할 것 같아?

▶ 마농이 가장 두려워하는 일은 뭐야? 너도 이런 두려움을 느껴본 적이 있어?

▶ 네가 마농이 문제를 해결할 수 있도록 조언한다면, 어떤 얘기를 해 주고 싶어?

▶ 마농을 돕기 위해 180도 법칙을 바탕으로 생각을 정리한다면, 마농의 경우에는 180도 법칙을 어떻게 적용할 수 있을까?

▶ 네가 보기에 마농의 어머니가 록산느네 어머니한테 연락해야 했다고 생각해? 그렇게 생각한 이유는 뭐야?

괴롭힘, 어떻게 끝낼 수 있을까?

 마농은 지금 정말 어려운 선택을 해야만 해.

1 마농은 베레니스와 록산느의 결정에 맡기는 선택을 할 수도 있어. 마농이 무리에서 낄 수 있거나, 끼지 못하는 때가 언제인지 그들에게 맡기는 거야. 마농은 계속 사람들이 편하게 뽑아서 쓰고 버리는 휴지처럼 지내게 되겠지. 그러면 무리 안에서 지내는 시간이 그나마 있을 거야. 그리고 무리에서 지내는 일은 마농에게 값비싼 일이지. 설령 꿔다 놓은 보릿자루 시늉을 하며 지낸다고 하더라도 말이야. 마농이 이 방법을 선택한다면, 마농은 점점 더 자주 쫓겨나게 될 거야. 그리고 쫓겨난 상태로 있는 시간도 길어지겠지. 지금 당장은 아니지만, 언젠가는 완전히 쫓겨나게 될 거야.

2 다음에 록산느가 찾아와서 '있지, 다시 함께 놀아도 된다고 베레니스가 그랬어'라고 말하면, 싫다고 대답할 수도

있어. 그렇게 대답한다면 인기가 엄청 좋다는 베레니스 무리가 두 번 다시는 마농을 받아들여 주지 않겠지. 그것이야말로 마농에게는 정말 악몽일 거야. 어느 선택이 덜 고통스러울지를 결정하는 건 마농의 몫이야. 왜냐면 안타깝게도 이런 상황에서는 쉬운 길이란 없거든. 마농은 정말로 슬퍼하고 불안해하면서도 상황을 바꾸려고 두 번째 방법을 선택했어. 만약에 마농이 첫 번째 길을 선택했다면, 마농에게는 도움이 필요 없었을 거야. 어떻게 하면 되는지 마농이 잘 알고 있을 테니까. 나는 이렇게 조언해 주었어.

"다음에 베레니스 무리가 너를 내쫓을 때는, 제대로 180도 다른 태도를 보여 주어야 해. 우선, 아주 쾌활하게 구는 거야. 베르티유와 소아나하고만 이야기하고, 베레니스 무리를 쳐다도 보지 않는 거지. 네가 세상에서 제일 행복한 사람인 것처럼 굴어야 해. 힘들겠지만, 아주 중요한 일이야. 네가 예전과 달리 베레니스 무리를 기다리지 않은 것처럼 보여야 한다는 말이야. 그러다가 록산느가 와서 무리에 끼어도 된다고 알릴 때면, 이렇게 대답하면 될 거야.

'록산느, 나를 찾아오다니 정말 친절하네. 그런데 내가 생각을 조금 해 봤는데, 이런 노예 생활은 그만하기로 했어. 나는 돌아가지 않을 거야. 그렇지만 너에게 별다른 도리가 없다는 것도 이해해.'"

마농은 실제로 록산느에게 이처럼 말했다고 해. 이 얘기를 듣자, 어디까지나 무리에서 퍼스트레이디일 뿐 결코 통치자가 될 수 없는 록산느는 깜짝 놀라서 30초 동안 말을 잃었어. 그러고는 넓게 퍼지는 원피스를 입고 있었는데도 뛰어서 자신이 섬기는 여왕에게 돌아갔지. 다음 쉬는 시간이 되자 이번에는 여왕 폐하 본인이 마농을 직접 만나러 왔어.

"요즘 솔직히 록산느가 너무 어린애처럼 군다고 생각하지 않아? 더는 못 봐주겠어. 너 혹시 토요일에 뭐 해?"

이때 마농은 솔직히 망설였다고 털어놓았어. 마농이 아주 많이 바랐던 상황이(베레니스 무리에서 퍼스트레이디가 되는 것이지) 실제로 일어났던 거니까. 그렇지만 마농은 자신이 무리 안에 있었을 때 스트레스를 받던 순간들, 무리에서 쫓겨났을 때 슬펐던 순간들을 다시 떠올렸어. 그리고 이렇게 대답했지.

"어린애처럼 구는 것도 구는 거지만, 록산느는 사람 말도 잘 안 듣는 모양이네. 오늘 아침에 록산느에게 말했지만, 나는 더 이상 무리에 낄 생각이 없어. 나는 노예 제도에 반대하거든."

그런 다음 마농은 등을 돌렸어. 베레니스가 공격을 하러 두 번 더 찾아왔지만, 마농은 잘 방어해 냈지. 그리고 마농은 내게 미소를 지으며 이렇게 힘주어 말했어.

"소아나와 베르티유랑 지내니 민주적이에요. 이제야 살 것 같아요."

네가
직접 해볼
차례야!

▶ 너는 마농의 선택에 대해
어떻게 생각해?

▶ 네가 마농이었다면 어떤 행
동이나 말을 할 것 같아?

도리앙
14세

세 번째 이야기

제가 조금 뚱뚱하기는 하죠. 그렇지만 학교에 가면 저보다 훨씬 더 뚱뚱한데 저보다 잘 지내는 아이들도 있어요. 제가 못생긴 건, 저는 잘 모르겠어요. 그래도 제게 여드름이 많은 건 사실이에요. 이런 괴롭힘 때문에 계속 스트레스를 받다 보면, 항상 여드름을 건드리고 터트리게 돼요. 그래서 얼굴이 꼭 디저트로 먹는 '클라푸티'*처럼 얼룩덜룩해지죠. 게다가 걔들도 이미 저를 클라푸티라는 별명으로 불러요.

 '걔들'이라고 말하는 이유는 저를 놀리는 아이들이 많기 때문이에요. 심지어 제가 모르는 아이들도 저를 놀려요. 버스 정

★ 클라푸티
체리가 들어간 프랑스 디저트다. 체리를 손질하지 않고 그대로 넣어 겉이 울긋불긋한 피부처럼 보이는 것이 특징이다.

류장에서 저를 욕하거나, 지나가다가 저를 보고 낄낄대죠. 심지어는 고등학생들도 그래요. 그럴 때면 저는 못 들은 척을 해요. 하지만 정말 지긋지긋해요. 제가 언제, 어디서 욕을 들을지 알 수가 없거든요. 교실에 들어서거나, 제 소셜 미디어 페이지를 열어 보거나, 학교 식당에 들어갈 때마다 저는 항상 긴장하고 있어요.

학교 식당에서 혼자 밥을 먹은 지 2년이 지났어요. 1년 전에 어떤 일이 있었거든요. 학교 식당에 있는 아저씨는 괴롭힘당하는 제 모습을 보고는 고함을 지르며 이렇게 말했어요.

"이제 그만들 해라! 거기 너네, 너희 자리로 돌아가."

아저씨가 등을 돌리자마자 정말 무서운 일이 벌어졌죠. 아이들이 제 식판에 담긴 음식을 온통 들쑤셔 놓고, 제 머리에다 크림치즈를 으깨기까지 했다는 거예요.

다음 날, 저는 학교 식당 아저씨에게 가서 혼자 먹는 걸 좋아한다고 말했어요. 아저씨는 "얼간이 녀석들 같으니"라고 중얼거렸지만, 더 이상 자기 뜻을 밀고 나가지는 않았어요. 그렇지만 제가 보기에는 식당 아저씨가 학교 상담 선생님에게 제 이야기를 한 것 같았어요. 그 일이 있고 나서 바로 학교에서 부모님과 저를 불렀거든요. 난감했어요. 엄마는 감수성이 예민한 편이고, 아빠는 화가 많은 편이거든요. 저는 이런 일로 부모님에게 걱정을 끼치고 싶지 않았어요. 이미 성적도 곤두박질치고 있기도 했고 말이에요. 또, 부모님이 알면 어떤 일이 벌어질지 조금 겁이 났기 때문이기도 했어요. 그래서 상담실에 가서는 최대한 일을 작게 줄여서 얘기했어요. 그런데도 아빠는 엄청 화를 냈죠.

아빠는 학교가 끝나면 저를 데리러 오겠다고 했어요. 제가 버스를 타면 모르는 사람들에게도 제법 시달린다고 아빠에게 얘기했거든요. 그렇게 말해야 상담 선생님이 괴롭히는 사람들 이름을 말하라고 하지 않을 것 같아서요. 그 뒤로 아빠는 학교 근방에서 제 곁을 지나가다가 남몰래 히죽거리는 사람이 있으면 매서운 눈으로 쏘아봤어요. 저는 그게 정말로 불편했어요. 최악의 상황이었죠. 그렇지만 아빠에게 뭐라고 얘기하기는 어려웠어요. 아빠가 그렇게 행동하는 건, 저를 좋아하고, 지키고 싶어서였으니까요. 다만 아빠가 그렇게 하면, 제가 그 무엇보다도 최악인 찐따처럼 보일 거라는 게 문제였죠.

그러다 어느 날은 제가 알지도 못하는 아이들 세 명에게 아빠가 돌진해서 이렇게 소리쳤어요.

"우리 아들에게 1미터 안으로 접근하는 녀석은 부숴버릴 거다. 그리고 학교 폭력으로 경찰한테 신고할 거야. 알았냐?"

그 아이들은 확실히 아빠를 무서워하는 것 같았어요. 아빠는 키도 정말 크고, 소리를 지르면 아주 무섭거든요. 그리고 경찰 얘기를 했으니, 겁이 날 수밖에 없었겠죠. 그렇지만 아이들이 그렇게 무서워하는 건 고작해야 5분 정도였어요. 왜냐하면 아빠가 그렇게 말해도 아무것도 달라지지 않았거든요. 다음 날, 그 아이들이 저더러 '고자질쟁이 클라푸티', '아빠한테 징징 대는 쫌생이'라고 했어요. 그저 끔찍했죠. 예전보다 상황이 더 나빠졌어요. 괴롭히는 강도는 전보다 덜할지도 모르지만 말이에요. 걸리지 않으려고 꼼수를 부린 거겠죠.

아빠가 더는 찾아오지 않았으면 해서 저는 이제 문제가 다 정리되었다고 말했어요. 그렇지만 사실은 전혀 정리되지 않았죠. 괴롭힘은 점점 더 악독해졌고, 학교 보건실에서 보내는 시간이 길어졌어요. 그러다 어느 날 보건 선생님에게 모든 걸 다 털어놓았어요. 눈물이 왈칵 쏟아졌죠. 더는 견딜 수 없었어요. 저는 보건 선생님에게 이렇게 말했어요.

"상담 선생님이나 부모님에게는 아무 이야기도 안 하겠다고 약속해 주세요."

"도리앙, 선생님이 아무것도 안 할 수는 없어. 그랬다가는 위험에 처한 사람을 돕지 못했다는 생각이 들 테니까. 상담 선생님에게 가서 몇몇 괴롭힘 사건 얘기를 들었으니, 강연을 열어야겠다는 말만 할게. 괴롭히는 아이들이 괴롭힘으로 어떤 정신적인 피해가 생기는지 알게 되면, 자기들도 네게 무슨 짓을 했는지 깨닫게 될 거야. 그러면 괴롭힘을 멈추겠지."

저는 그 말을 그다지 믿지는 않았어요. 그래도 이 방법은 아직 해 보지 않았으니, 시험할 수 있겠다고 생각했어요. 그러고 며칠 뒤에 심리 상담사가 강연하러 학교에 찾아왔어요. 심리 상담사는 교육부에서 만든 영상을 보여 주었어요. 영상에는 괴롭힘을 당하는 아이 세 명이 등장했죠. 그중에 한 명이 딱 저처럼 뚱뚱한 아이였어요. 그리고 각 사례의 결말에서는 다른 학생이 와서 괴롭힘당하는 아이를 보호해 주었죠. 이후에는 나머지 아이들이 자신이 했던 일을 부끄럽게 여기며 영상이 끝났어요. 다만 현실에서는 괴롭힘을 당하는 아이들을 지켜 주러 오는 영웅이 없다는 게 문제죠. 저는 그런 영웅을 한 번도 만나 본 적이 없었거든요. 그런데 뚱뚱한 아이가 영상에 나오자, 반 아이들이 모두 다 낄낄거리며 저를 쳐다봤어요. 이런 소리도 들렸어요.

"클라푸티가 여드름 없었을 때 저걸 촬영했나 봐!"

영상이 끝나자, 아이들은 제게 사인까지 해달라고 했죠. 보건 선생님은 애들이 저를 놀리는 모습을 보지 못했어요. 선생님이 저를 찾아와 이 방법이 어땠느냐고 물었을 때, 저는 이렇게 말했어요.

"정말 좋았어요."

선생님은 무척 흡족해 하는 것 같았어요. 제가 앞으로 과연 얼마나 오래 버틸 수 있을지 모르겠어요.

➡ 네 생각을 들려줘!

▶ 네가 겪는 문제를 부모님이나 선생님, 친구에게 털어놓은 적이 있니?

▶ 그렇게 털어놓고 나서 어떤 변화가 있었니?

▶ 네가 보기에 왜 그런 변화가 생긴 것 같니?

▶ 도리앙의 상황을 도식으로 나타내 보자. 180도의 법칙을 적용해 본다면 어떤 방법을 쓸 수 있을까?

괴롭힘, 어떻게 끝낼 수 있을까?

 도리앙이 어떤 시도를 해 보았는지, 무엇이 효과가 없
었는지를 나타낸 이 도식을 먼저 살펴보자.

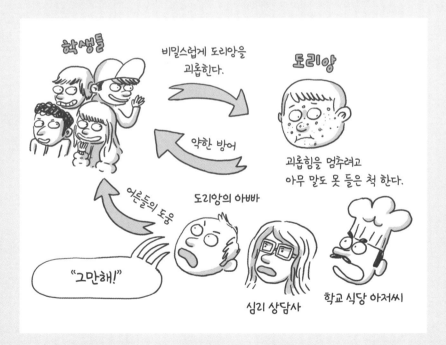

여기서 찾을 수 있는 공통점이 '그만해!'라면, 반대로 얘기하는 해결법을 찾아내야 해. 그러니까 이런 식으로 말이야.

'너희가 나에 대해서 하는 얘기 아주 잘 들었어. 그리고 나도 너희 생각에 동의해.'

다만 도리앙이 처한 상황은 복잡해. 사람들이 도리앙을 대놓고 놀리는 게 아니라, 몰래 놀리니까 말이야. 따라서 도리앙이 직접 대응할 수가 없으니 계략을 짜내야 해. 도리앙이 제일 마음에 드는 선택지를 아래 중에서 골라 볼 수 있을 거야.

1 소셜 미디어 프로필 사진에 여드름 치료용 로션 사진을 올려 두고, 상태 메시지에 이렇게 써 두는 거야.

'제 수많은 팬이 관심을 가지고 계시니, 매일 제 상태를 알려 드리겠습니다. 2월 20일, 오늘은 얼굴에 여드름이 총 42개나 있습니다. 그 가운데 8개는 아주 농익은 상태고, 1개는 확실히 화장실 전체를 칠할 수도 있을 정도며, 15개 정도는 회복 중입니다. 나머지 여드름은 정체 상태입니다. 이만하면 충분히 아시겠죠?

2 별명이 들릴 때마다 얼굴을 감싸 쥐고 몸을 돌려, 놀리는 사람에게 이렇게 소리를 지르며 달려가는 거야.

'조심해, 이게 다 전염되는 거라고. 내일이면 너도 화농성 여드름이 4개는 생길 거야!'

이런 말이 적힌 티셔츠를 만드는 거야.

'나는 여드름이 있지만 나를 잘 보살피고 있어. 그런데 네 뇌는 대체 어떻게 하면 좋을까?'

도리앙은 맨 마지막 해결책을 골랐어. 티셔츠가 도착하고 나자, 도리앙은 엄청나게 망설인 다음에 입고 나갔지. 도리앙은 이렇게 말했어.

"쉽지 않았어요. 왜냐하면 제가 바랐던 건 사람들이 저를 그만 쳐다보는 거였으니까요. 이런 생각이 들었죠. '이러면 상황이 더 나빠질 거야. 사람들이 전보다 훨씬 더 많이 나를 쳐다볼 거야.' 물론 예전과 똑같은 눈빛으로 쳐다보는 건 아닐 테지만, 완전히 확신이 서는 것도 아니었어요. 제 마음, 이해하세요?"

덜 힘든 한 주를 보낸 덕분에 조금은 더 힘을 얻게 된 어느 봄날 아침, 도리앙은 이 티셔츠를 입고 약간 얼이 빠진 채 학교로 향했어. 버스 정류장에서 마주친 두 고등학생은 도리앙에게 이렇게 말했지.

"야, 네 티셔츠 멋지다. 어디서 났어?"

그러고는 스냅챗*에다 사진을 하나 올렸어. 도리앙은 비로

★ 스냅챗
스냅에서 서비스 중인 모바일 메신저다. 열람한 메시지가 24시간 이후에 사라지는 독특한 시스템은 북미와 유럽의 젊은 세대에게 큰 인기를 끌고 있다.

소 숨을 돌릴 수가 있었지. 그리고 남은 하루를 보내는 동안 학교에서 제법 많은 사람이 미소를 지으며 도리앙을 쳐다봤어. 예전 같은 비웃음은 더 이상 아니었지. 도리앙은 정말로 기분이 한결 나아졌어. 저녁이 되자 도리앙은 소셜 미디어 프로필 사진을 자기 티셔츠 사진으로 바꿨어. 도리앙은 내게 이렇게 말했어.

"그렇게 많이 '좋아요'를 받아본 적은 처음이에요. 게다가 그것보다 더 엄청난 일은, 제 사진이 여기저기 공유가 되었다는 거예요. 그리고 제 얼굴을 보며 놀리던 사람들이 댓글을 달면서 저더러 용기 있다고 하더라고요. 다음 날에는 티셔츠를 입지 않았는데도 상황이 달라졌어요. 저는 사람들 눈을 제대로 쳐다보며 걸어 다닐 수 있었어요. 그러고 나서 보건 선생님에게 가서 그간의 이야기를 모두 들려드렸어요. 선생님은 전 세계에 있는 모든 보건 선생님에게 '180도 법칙'을 설명해야겠다고 말씀하셨죠. 저도 선생님과 같은 생각이에요."

네가
직접 해볼
차례야!

▶ 도리앙에게 추천해 주고 싶
은 또 다른 아이디어로는
뭐가 있을까?

**마리우스
11세**

네 번째 이야기

형과 저는 엄마와 함께 살아요. 그리고 2주에 한 번 주말마다 아빠를 만나러 가요. 바질 형은 열네 살이에요. 제가 어렸을 때는 형이 제게 잘해줬어요. 그렇지만 1년 전부터는 정말이지 전쟁이 벌어진 것 같아요. 그러니까 꼭 저를 죽이려고 드는 암살자 같다고 해야 하려나요. 제가 입을 열기만 하면 형은 이렇게 말해요.

"입 닥쳐, 너는 아무짝에도 쓸모가 없어. 난쟁이 녀석 같으니."

형은 제 뒤로 지나갈 때면 제가 앉은 의자에다 주먹질하는 시늉을 해요. 그러다 제가 "그만해"라고 얘기하면, 꼭 제가 네 살짜리 어린아이라도 되는 것처럼 제 말을 흉내 내요. 그리고 제가 좋은 성적을 받아서 엄마가 저를 칭찬할 때면, 형은 어쩔 도리가 없다는 듯이 제게 이렇게 말해요.

"그래, 엄마 앞에서 범생이 노릇을 하니 기분이 좋은가 봐. 열여섯 살이 돼도 어리광을 부리겠지? 참 형편없다."

형은 학교에서 직업 훈련을 받고 있어요. 아빠처럼 원예가가 되고 싶대요. 일은 잘하지만, 공부할 때는 성적이 그리 좋지 못한 편이에요. 게다가 형은 제 생일이나 크리스마스 때면 항상 제 선물을 깜빡했다며 준비하지 못했다고 해요. 저는 형 선물을 한 번도 까먹은 적이 없는데 말이에요.

운이 없게도 우리는 같은 학교에 다니고 있어요. 형은 종종 학교에서 저를 발견하고는 친구 두 명을 데리고 저를 찾아와요. 그리고 제 머리를 아주 세게 헝클어뜨리면서 말해요.

"잘 지내냐, '하인 파스파르투'★ 녀석아?"

제 친구들이 착해서 다행이에요. 친구들이 나빴다면 그런 제 모습을 보고 덩달아 저를 놀렸겠죠. 저는 형이 괴롭힐 때마다 너무 화가 나서 욕을 해요. 그럴 때면 꼭 자제력을 잃은 어린애처럼 굴죠. 형은 그 모습을 정말 좋아해요. 형과 두 친구는 저를 비웃으면서 이렇게 말해요.

"봐봐, 진짜 웃기지. 안 그래? 난쟁이가 성을 낸다니까?"

언젠가 한 번은 제가 친구인 잔느와 놀던 날이었어요. 잔느

★ 하인 파스파르투
소설 《80일 간의 세계 일주》에 등장하는 주인공의 하인 이름이다. 하인의 대명사처럼 쓰이는 이름이라 바질은 마리우스를 하인 취급하며 놀리기 위해 이 명칭을 사용했다.

는 여자아이예요. 그때 형이 우리에게 성적인 이야기를 했는데, 저는 얼굴이 정말 빨개져서는 그냥 울고 싶었어요. 그래서 소리를 지르려고 했는데 잔느가 이렇게 말했어요.

"6학년들을 항상 이렇게 못살게 구나 봐? 그야 그렇겠지, 어린애들을 괴롭히면 덜 무서우니까, 그치?"

형은 그 말을 듣고 울지는 않았어요. 억지로 웃음을 지으며 자리를 떴죠. 중요한 건 그 일이 일어난 뒤로 형은 잔느가 근처에 있을 때는 저를 건드리지 않았어요. 하지만 이렇게 잔느와 다 같이 쉬는 시간에 노는 건 자주 있는 일은 아니에요.

이런 괴롭힘은 집에서도 이어져요. 형이 집에서 저를 괴롭힐 때면 엄마가 그만하라고 얘기해요. 형은 저를 쳐다보면서 이렇게 말하죠.

"아이고, 불쌍한 엄마의 귀염둥이 같으니. 또 울면서 어리광을 엄청나게 부리게 생겼네."

그러고 형은 엄마에게 이렇게 얘기해요.

"엄마가 얘를 얼마나 응석받이로 만드는지 모르죠? 아빠 말이 맞다니까요."

그러면 엄마는 곧잘 이렇게 말해요.

"네 방으로 올라가. 머리에 피도 안 마른 녀석이 하는 조언 같은 건 필요 없어."

그 말에 형은 방으로 가서 문을 쾅 닫아요. 이때쯤 되면 마

음이 한결 가벼워지지만, 바로 다음 날부터 제게 앙갚음할 것을 잘 알고 있어요. 어떨 때는 엄마가 바질 형과 얘기하는 소리가 제 방까지도 들려요. 엄마는 형에게 이렇게 말해요.

"너도 잘 알고 있겠지만, 너 때문에 동생이 정말로 힘들어해. 엄마도 힘든 건 마찬가지고. 항상 고함 소리가 오가는 것도 지긋지긋하고, 밥 먹을 때마다 동생 건드리는 일에도 진력이 나."

그러면 항상 바질 형이 방으로 들어가면서 하는 말을 끝으로 상황이 정리돼요.

"여긴 저 난쟁이 편밖에 없다니까요. 얼른 나가야지. 도저히 두 사람을 못 견디겠어요."

그리고 엄마는 계단에 대고 이렇게 소리치죠.

"그래도 마리우스는 말을 잘 듣는데 말이야."

바질 형과 엄마가 이런 식으로 얘기한 다음 날이면 형과의 사이는 더 나빠져요. 어쩌다 가끔은 형이 제게 잘해주기도 해요. 같이 게임을 하고 놀기도 하거든요. 그렇지만 그런 일은 점점 더 드물어지고 있어요. 예전 형의 모습을 되찾고 싶지만, 아무래도 그럴 수 없을 것 같아요.

➡ 네 생각을 들려줘!

▶ 너는 형제자매 사이에서 문제를 겪은 적이 있니?

▶ 너는 그때 어떻게 했어?

▶ 네가 한 행동이 효과가 있었어?

▶ 네가 마리우스의 친구였다면, 마리우스에게 어떻게 하라고 조언했을 것 같아?

괴롭힘, 어떻게 끝낼 수 있을까?

여기서도 마찬가지로, 주변 사람들이 시도했던 행동은 바로 모두 바질에게 그만하라고 말하는 일이었다는 걸 잘 알 수 있어. 그만하라는 말은 아무런 효과가 없고, 매번 바질의 화를 더 돋운 셈이야. 논리적으로 그렇게 될 수밖에 없어. 바질은 마리우스를 어리광쟁이라 생각하기 때문에 무척 화를 내. 그러다 보니 마리우스를 옹호할수록, 그 행동은 마리우스가 어리광쟁이라는 뜻이 되는 거라 바질의 화는 더 커지는 거야. 따라서 어떤 식이든 간에 이런 행동은 당장 멈춰야 해.

그런데 마리우스의 이야기에서 바질의 놀림을 확실하게 멈출 방법이 있어. 잔느가 곁에 있을 때면 바질이 마리우스를 건드리지 않았잖아. 여기서 바질에게 두려움을 안겨 주는 게 무엇인지를 알 수 있어. 정리하자면 바질의 친구들이 본인을 어린애만 골라서 공격하는 비겁한 사람이라고 생각할까 봐 겁먹

을 때만 두려워했다는 거지. 그래서 나는 마리우스에게 이런
조언을 해 주었어.

▶ **1** 바질에게 맞서서 마리우스를 옹호하는 일을 잠시 멈
춰달라고 엄마에게 부탁하는 거야. 그렇게 엄마가 마리우스를
지키려고 할수록 사실은 더더욱 지킬 수 없다고 얘기해야 해.
왜냐하면 엄마가 옹호할 때마다 바질은 마리우스에게 훨씬 더
공격적으로 대하니까 말이야.

▶ **2** 다음에 형이 공격할 때면 써먹을 수 있는 해결책을 찾
아냈다고 엄마에게 얘기하는 거야. 또 괴롭힘을 당해도 놀라지
말라고도 엄마에게 부탁하는 거지. 왜냐하면 마리우스는 바질
에게 이렇게 얘기할 생각이었으니까.

'바질 형, 계속 그렇게 해 봐. 그러면 엄마는 나만 편애할 거
고, 형을 싫어하게 될 테니까.'

마리우스가 그렇게 말하면 엄마에게 이번에는 반대로 바질
형 편을 살짝 들어주면 효과가 좋을 거라고 일러두는 거지. 예
를 들면 이렇게 옹호하라고 말이야.

'마리우스, 정말 못된 말이구나. 엄마는 당연히 바질 형도 좋
아해. 제발 그만 좀 해라.'

▶ **3** 학교에서는 형이 괴롭히러 찾아오면, 형이 입을 열기
도 전에 마리우스가 친구들에게 이렇게 알리면서 박수를 치는

거야.

'어린애들 말고는 너무 두려우니까 어린 6학년만 골라서 공격하는 유일한 고등학생이 여기 왔네. 바로 나의 형 바질이야. 힘차게 박수를 쳐 주자!'

마리우스가 친구들에게 예고를 해 두면 훨씬 효과가 좋을 거야. 그래서 마리우스는 다음에 바질이 괴롭히려고 찾아오면 함께 박수를 치자고 친구들에게 부탁했어. 며칠 뒤에 실제로 형이 마리우스에게 찾아왔지. 마리우스는 우리가 준비했던 화살 같은 말을 정확하게 쏘아 보냈어. 바질은 "젠장, 불쌍한 난쟁이 같으니"라고 말하며 빠르게 자리를 떴어. 그렇지만 바질이 무척 서두른다는 사실을 마리우스는 잘 알 수 있었지.

"학교가 끝나고 집에 돌아가기가 너무 무서웠어요. 이런 생각이 들었거든요. '형이 복수를 하겠지. 정말 끔찍할 거야.' 저는 그렇게 영리한 편이 아니었거든요. 이 얘기를 잔느에게 했더니, 잔느는 확실하게 두 번째 화살을 쏘면 형이 아무것도 할 수 없을 거라고 했어요. 형이 엄마 앞에서 괴롭히려는 그 순간에 화살을 날려야 한다고 했죠. 그렇지만 학교가 끝나고 집에 갔을 때 그렇게 당당할 수는 없었어요. 하교 후 저녁 식사를 하려고 식탁에 앉자, 형이 이렇게 으르렁댔어요.

"난쟁이야. 학교에서야 꼼수를 썼겠지만, 내가 마음만 먹으면 너를 조용하게 만들 수 있다는 건 누구나 잘 알 거야. 한쪽 구석으로 데려가서 혼쭐을 내면 되는 간단한 일이라고."

엄마는 소스라치게 놀랐어요. 며칠 전에 행동 계획을 엄마에게 설명해 주었지만, 엄마는 평소처럼 우리 사이에 끼어들고 싶은 마음이 가득했어요. 그렇지만 제가 엄마보다 선수를 쳤죠. 저는 형에게 이렇게 응수했어요.

"그래, 좋아. 계속해 봐. 형이 나를 때리면 그 뒤는 불 보듯 뻔하지. 엄마가 나를 더 편애하게 될 거야. 거기서 그치는 게 아니라, 아빠도 이 사실을 알게 되면 나는 엄청 착한 아이고 형은 최악의 양아치라고 생각하게 될 거야. 그러니까 어디 한 번 나를 도와줘 봐. 세게 때려 보라고. 그래야 자국이 남아서 보여 주지."

그 말을 듣고는 엄마가 엄청 강경하게 나섰어요. 엄마는 이렇게 말했죠.

"마리우스, 너 정말 못된 아이가 되었구나. 네가 바질을 얼마나 힘들게 하는지 너도 잘 알겠지?"

그러고는 엄마는 바질 형의 고개를 끌어안았어요. 형은 고개를 슬쩍 빼냈지만, 형이 흡족해 한다는 걸 잘 알 수 있었어요. 그러고 저는 자리를 뜨면서 문을 쾅 닫았죠. 꼭 제가 희생양인 것처럼 말이에요. 그 뒤로는 형이 더 이상 저를 난쟁이 취급하지 않아요."

네가
직접 해볼
차례야!

▶ 마리우스가 쏜 화살에 대해 너는 어떻게 생각해?

▶ 만약에 이렇게 했는데도 바질이 다시 괴롭히게 되면, 마리우스는 어떻게 하면 좋을까?

엘리엇
13세

양아버지는 엄마의 남자친구예요. 양아버지는 항상 저를 꾸짖죠. 그리고 저를 혼내지 않을 때도 신경질적으로 행동하기 때문에 화가 난 모습과 다를 게 없어요.

처음에는 그렇게 나쁘진 않았어요. 그렇지만 여섯 달 전부터는 버틸 수 없을 만큼 힘들어요. 그래도 저는 노력을 해 보고 있어요. 양아버지가 엄마에게는 잘해 주거든요. 그렇지만 제가 보기에는 조만간 안 좋게 끝날 수도 있을 것 같아요. 가만 보면 양아버지는 엄마와 저 사이를 나쁘게 만들 만한 아주 작은 구실이라도 찾아 헤매는 것 같거든요. 엄마는 제가 최선을 다하지 않는다고 했어요. 게다가 아빠와 할머니도 어른과 어린이 중 대체 누가 노력을 하는 게 맞겠냐고 그랬고요.

예를 들면 이런 식이에요. 식사를 다 마치고 나서 양아버지

74

는 제가 식탁을 빨리 치우지 않는다고 생각해요. 그러면 엄청 짜증 난다는 목소리로 이렇게 말해요.

"대체 언제 치우려는 생각인 거니?"

그러면 저는 이렇게 얘기하죠.

"알겠어요, 치울게요. 급할 건 없잖아요."

엄마는 이렇게 말해요.

"엘리엇이 치울 거야. 짜증 내지 마."

이쯤 돼서 양아버지는 신경질을 내면서 식탁을 떠요. 자기 말을 듣지도 않는 게 지긋지긋하다고 그러면서 말이에요. 거기다 대고 저는 이렇게 말해요.

"아니, 별일도 아니잖아요."

엄마는 저한테 말하죠.

"이제 말을 더 보태지 않는 게 좋겠다."

이러면 양아버지가 다시 와서 말해요.

"별일 아닌 게 아니야, 엘리엇. 별일 아닌 게 아니라고. 말조심해라."

엄마는 양아버지에게 얘기해요.

"자, 됐어. 진정들 하자."

저는 이렇게 말해요.

"아무 이유도 없이 투덜거리는 건 양아버지라고요."

그 말을 듣고 양아버지가 얘기해요.

"당신 아들이 나한테 뭐라고 하는지 들었어? 당신 애한테 아무 말도 안 할 거야?"

엄마는 이렇게 대답해요.

"두 사람 다 더는 못 견디겠어!"

그 말을 들으면 저는 딱 이렇게만 일깨워 줘요.

"잘 알겠어요, 고마워요. 제가 한 건 아무것도 없지만요."

양아버지는 화가 난다고 소리 지르며 자기 방으로 가버리고, 엄마와 저는 아무 말 없이 식탁을 정리해요. 엄마가 슬퍼한다는 걸 잘 알아요. 말다툼하고 나면 엄마는 제게 노력을 해 보라고 요구할 때가 많아요. 그렇지만 저 혼자서 노력하는 건 부당해요. 게다가 설령 제가 노력을 하더라도, 양아버지는 제게 계속 짜증을 내요. 저는 잘 지내려고 노력하는데, 양아버지가 반응하지 않기도 하거든요. 마치 마음속에 '그런 식으로 빠져나갈 수는 없을 거야' 같은 생각을 품고 있는 것만 같아요.

그러니까 결국은 양아버지가 조금 더 철이 드는 수밖에 없죠. 학교가 끝나고 집으로 돌아갈 때면 배가 살살 아파요. 말다툼할 수도 있으니 조금 겁도 나고요, 양아버지에게는 화가 나고요, 엄마를 생각하면 슬퍼요. 그렇지만 솔직한 심정으로는 제가 대체 뭘 더 할 수 있을지 모르겠어요.

➡️ 네 생각을 들려줘!

▶ 너는 가족 중에서 어른하고 문제가 생겼던 경험이 있니?

▶ 너는 어떻게 대처했니?

▶ 네가 한 행동이 효과가 있었니?

▶ 엘리엇의 이야기를 듣고 지금 머릿속에 떠오르는 화살이
있니? 마리우스와 바질의 이야기를 참고해 볼 수도 있어.
서로 약간 비슷한 점이 있으니까.

괴롭힘, 어떻게 끝낼 수 있을까?

 상황을 종합적으로 보여 주는 이 도식을 먼저 살펴보자.

나는 엘리엇에게 이렇게 얘기했어.

"여기서 네 양아버지를 제일 자극하는 건 네 엄마의 태도야. 엄마는 네 편을 들면서 동시에 양아버지의 행동을 꼬집잖아. 양아버지가 네게 부당하게 군다는 점을 공개적으로 말하면서, 이 사실을 받아들이라고 하지. 네가 식탁을 천천히 정리한다는 사실도 있겠지만 말이야. 그래서 양아버지는 자신이 마치 너와 엄마에게서 떨어진 섬 같다고 느낄 거야.

그리고 나도 네 생각에 동의해. 양아버지는 호락호락한 사람이 아닌 것 같아. 그렇지만 앞으로 한 5년 정도는 양아버지와 한 지붕 아래에서 살아야 한다면, 갈등을 줄일 수 있는 해결책을 찾아야 해. 그게 너와 네 엄마에게도 좋을 테고 말이야. 그래서 이번에는 엄마에게 너의 편을 드는 대신 180도 법칙에 따라 양아버지의 편을 들라고 부탁해 보자. 가령 네가 엄마에게 '로랑을 진정시키려면, 양아버지가 저를 꾸짖을 때, 엄마가 양아버지 편을 들어야 할 것 같아요. 그러니까 바로 오늘 저녁에 양아버지가 말을 꺼내면, 엄마가 제게 몰래 윙크하는 거예요. 그때부터 양아버지와 합세해서 저를 같이 꾸짖으세요. 예를 들어서 식탁 치우는 문제로 싸웠을 경우를 떠올려 보면 이런 식으로 얘기할 수 있겠죠.'라고 설명해 주면 좋을 것 같아.

양아버지 로랑: 대체 언제 치울 생각이야?

엄마: 그래(엘리엇에게 몰래 윙크를 보내며), 로랑 말이 맞아. 엘리엇, 일부러 우리를 짜증 나게 만들려고 한 107년 쯤 기다리게 하려는 생각은 아니겠지?

엘리엇: 뭐, 그것도 괜찮네요. 급할 건 없잖아요.

엄마: 아니(로랑이 말을 꺼내기 전에 먼저 꺼낸다), 우리가 대체 뭐라고 생각하고 그런 소리를 하는 거니? 정말로 정신을 차려야겠구나!

이 상황에서 절대 웃어서는 안 돼. 웃음을 못 참는다면 아무런 효과가 없겠지. 아니면 양아버지가 시키기 전에 먼저 식탁을 정리하는 거야. 하지만 그건 재미가 없겠지, 그렇지 않니?"

엘리엇은 잠시 생각에 잠겼어. 그 이유는 이랬지.

"있죠, 아무리 그래도 양아버지를 바로 앞에 두고 몰래 음모를 꾸미는 건 그렇게 좋지는 않은 것 같아요. 좋은 의도로 그렇게 한다는 건 잘 알겠지만, 그래도 이런 식으로 거짓말을 한다는 점이 마음에 걸려요."

나는 엘리엇에게 충분히 이해한다고, 그리고 엘리엇이 방법을 고를 수 있다고 대답해 주었어.

▶ 엘리엇이 솔직하게 지내면서 로랑이 노력할 때까지 기다릴 수도 있겠지. 그렇지만 딱 봐도 그런 방법은 효과가 없

었어. 엘리엇이 이 방법을 이미 여섯 달 동안 썼으니까. 적어도 이 방법의 장점은 모두가 솔직하게 굴 수 있다는 점이겠지.

2 또는 엘리엇이 그다지 진실하다고는 할 수 없는 이 계략을 행동에 옮길 수도 있을 거야. 그렇지만 이 방법을 사용하면 상황이 제법 진정되고, 엘리엇의 엄마가 덜 슬플 수 있어. 물론 이 방법이 완전히 정직하지 않은 것은 사실이지.

한 마디로, 진실과 조화 사이에서 선택을 내려야 해. 그리고 이런 경우는 특히 선택하기 어려워. 우리는 이런 점을 엘리엇의 어머니와 얘기해 보았고, 엘리엇의 어머니와 엘리엇은 일주일 동안 새로운 전략을 써 보겠다고 했어.

180도 전략의 장점은 바로 평생 써야 할 필요가 없다는 점이야. 한순간에 상황을 완전히 뒤바꿀 수가 있어. 이 전략을 쓰고 나면 이제 저마다 문제를 다르게 바라보고, 모두가 시각을 바꾸게 되기 때문이야.

사건은 식탁이 아닌 차에서 벌어졌어. 엘리엇은 운이 없게도 학교 일과가 끝난 뒤에 조금 더 남아 있어야 했거든. 다음 주에 있을 저녁 파티와 관련해서 친구들과 아주 중요한 논의를 해야 했어. 그래서 로랑과 엘리엇의 어머니가 학교 앞에서 15분 동안 엘리엇을 기다렸지. 엘리엇이 미안하다고 하며 차에 타자, 로랑이 끼어들었어.

"사실은 다른 사람들을 우습게 보면서 겉으로 미안한 척하는 건 그만해라, 엘리엇."

그 말을 들은 엄마가 뒷좌석으로 고개를 돌려 엘리엇에게 윙크하고는 한마디 거들었어.

"너처럼 엄청나게 이기적인 사람은 처음 보는 것 같다, 엘리엇. 내가 너를 대체 어떻게 키운 건가 싶네. 너는 로랑도 엄마도 전혀 존중하지 않잖니. 우리는 종일 일하고 너까지 기다려야 했는데 말이야."

엘리엇은 고개를 떨구고는 웃지 않으려고 머리카락 뒤에 얼굴을 숨겼어. 그리고 엘리엇의 어머니는 로랑에게 이렇게 말했지.

"오늘 저녁 외식에 엘리엇은 같이 못 가. 우리를 우습게 보는 사람을 왜 즐겁게 만들어 줘야 하는지 모르겠어."

그 말에 조금 겁이 났어요. 양아버지가 이 기회를 틈타서 저를 더 몰아붙일 것 같았거든요. 저는 귀를 축 늘어뜨린 강아지처럼 이렇게 말했어요.

"안 돼요, 제발 부탁이에요."

양아버지는 아무 말이 없었어요. 엄마는 계속 말을 이어갔죠.

"내가 대체 왜 너 좋은 일을 해줘야 하는지 이유를 하나라도 말해 볼래, 엘리엇?"

그 말에 양아버지는 엄마의 무릎을 톡톡 치며 이렇게 말했어요.

"자, 진정하자고. 지금 겨우 15분 늦은 것 가지고 이러는 거잖아."

"당신이 그렇다면야. 그렇지만 전부 봐주다가는 엘리엇이 나아지지 않을 거라니까."

엄마는 백미러를 보면서 제게 몰래 미소를 지었어요."

네가
직접 해볼
차례야!

▶ 엘리엇과 엘리엇의 어머니
가 떠올린 전략에 대해 너
는 어떻게 생각해?

▶ 만약에 로랑이 특별한 이유
도 없이 다시 짜증을 낸다
면, 엘리엇은 어머니의 도움
을 받아서 어떤 방법을 시
도할 수 있을까?

▶ 너는 이런 결과를 얻기 위
해서 연극을 할 마음의 준
비가 되어 있니?

마티유
11세

여섯 번째 이야기

사실 엄청 고통스러워요. 솔직히 수학 선생님 때문에 편안한 날이 없거든요. 수학 선생님은 쪽지 시험이나 숙제를 채점하고 돌려줄 때면 이름 순서대로 돌려줘요. 그러면 친구들 모두 자기 이름이 제일 먼저 불릴까 봐 걱정해요. 선생님이 우리를 비웃을 게 분명하거든요. 적어도 초반에 불리는 아이들 열 명 정도는 비웃음거리가 돼요. 게다가 점수가 가장 나쁜 아이는 정말로 끔찍한 소리를 들어요.

"네가 차라리 공부를 안 한 거라면 좋겠구나. 왜냐하면 솔직히 말해서 공부한 점수가 이 점수라면, 이건 내 상상보다 훨씬 별로여서 말이지."

아니면 이렇게 말하기도 해요.

"너를 만나기 전에는 계산 능력 장애에 관한 이야기를 믿지

88

않았지만, 이쯤 되니까 솔직히 맞는 말 같구나."

아니면 이렇게 말할 때도 있어요.

"수업 수준은 괜찮니? 보충 수업에 보내는 것 말고는 딱히 네게 해 줄 게 없구나."

한 마디로, 잔인한 말들을 해대죠. 그래서 수학 시간이 되면 모두 입을 꾹 닫고, 수업이 끝나기만을 기다려요. 저는 선생님의 주의를 끌지 않으려고 항상 시선을 피해요. 제 평균 점수는 20점 만점에 13점이어서, 어느 정도는 괜찮아요. 선생님이 제게 언성을 높인 적은 없고, 저를 비웃은 적도 없어요. 선생님이 반 아이들 모두에게 화가 나서 '이렇게 절망적일 만큼 형편없고 지능이 없는 반은 처음 본다'라고 침을 튀겨가며 성을 냈을 때를 빼고요. 그러던 어느 날 라파엘이 이렇게 말했어요.

"선생님, 솔직히 저희에게 그렇게 말씀하시면 안 되잖아요."

그 말을 듣자 선생님은 라파엘에게 다가가 이렇게 얘기했어요.

"나는 내 생각을 그대로 말하는 거야, 신사 양반. 나는 너희를 즐겁게 해 주고 싶어 하는 방임주의적인 교사가 아니거든. 귀가 진실에 너무 예민하게 반응한다면, 그냥 귀를 막아."

라파엘은 아무 말도 할 수 없었어요. 게다가 수학 선생님은 키도 크고 덩치도 커요. 책상을 위협적으로 두드릴 때도 많아요. 학생에게 말할 때는 엄청나게 바싹 다가오고, 입에서는 침까지 나와서 진심으로 불쾌해요. 그런 일을 겪으면 누구나 얼른 뛰어서 도망가고 싶을 거예요.

수업을 들을 때 친구들은 얼어 있어요. 그런데 저는 남들보다 조금 더 수업을 듣기가 힘든 것 같아요. 왜냐하면 수학 수업을 앞둔 전날에는 잠을 자기가 어렵고, 아침이 되면 배가 아프고, 교실에 들어설 때면 다리가 떨리거든요.

지금은 수학 성적이 나쁘지는 않아요. 그렇지만 쪽지 시험을 보기가 점점 더 힘들어지고 있어요. 꼭 블랙홀이 저를 빨아들이는 것처럼 말이에요. 그리고 이런 식으로 가다가는 점수도 점점 떨어질 것 같아요. 정말이지 그런 일은 생각하고 싶지도 않아요.

학생 대표들이 전교 회의에서 수학 선생님에 대해 이야기를 나누기도 했어요. 그런데 전교 회의 의장이 수학 선생님이어서 불만을 말하기가 아무래도 힘들었죠. 학생 대표들은 수학 선생님이 조금 엄격한 탓에 학생들이 스트레스를 받는다고 했어요. 그러자 수학 선생님은 웃음을 터뜨리면서 "그렇지만 뭐, 조금 스트레스를 받는 게 학생들에게 나쁜 일은 아니지"라고 말했다고 해요. 교장 선생님은 수학 선생님에게 동조하는 듯 아무런 말도 하지 않았죠. 수학 선생님이 학생에게 스트레스를 주고 의욕을 꺾는다고 학생 대표와 학부모 대표들이 학교에 얘기한 지가 몇 년이 지났지만, 아무것도 바뀐 게 없어요.

심지어 수학 선생님은 학생들한테 점점 더 공격적으로 점수를 더 엄격하게 매기고 있어요.

엄마에게도 이 얘기를 해 봤어요. 엄마는 선생님을 만나러 엄마가 갔으면 좋겠냐고 물었어요. 그렇지만 솔직히 그 아이디어는 최악인 것 같아요. 엄마가 만나러 가 봐야 선생님은 자기가 까다롭게 구는 건 다 아이들이 잘되었으면 하는 마음이라고 말할 테니까요. 면담이 끝나면 제게 앙갚음할 게 뻔하죠. 지금은 6학년이 세 달이나 남아서 힘들다고만 생각하게 돼요. 만약 5학년에 올라가서도 수학 선생님을 만나게 되면, 반을 바꿔 달라고 요청할 생각이에요. 신경이 쓰이는 점은, 점점 더 두려워진다는 거예요. 정상적이라고는 할 수 없는 두려움이거든요.

➡ 네 생각을 들려줘!

▶ 선생님 때문에 엄청 무서웠던 적이 있니?

▶ 그런 경험이 너나 네 학교 공부에 어떤 영향을 끼쳤니?

▶ 네가 두려움을 줄이려고 시도한 방법은 무엇이었니? 효과가 있었니?

▶ 마티유가 어떻게 하면 상황을 바꿀 수 있을까?

괴롭힘, 어떻게 끝낼 수 있을까?

종합적인 도식을 만들어 보면, 사람들이 수학 선생님에게 요구한 내용은 단 하나야. 바로 '스트레스를 주지 말고, 의욕을 꺾지 마세요'라는 맥락이지. 분명히 몇 년에 걸쳐서 아이들과 부모들이 여러 방법을 시도해 보았어. 어쩌면 교장 선생님도 시도해 봤을 거야. 분명히 수학 선생님에게 달라져야 한다고 이야기했겠지. 하지만 효과가 없는 듯해. 사람들이 그만하라고 말릴수록 수학 선생님은 자신에게 오는 의견들이 무례하다고 받아들일 거야. 혹은 그런 말에 자극받아서 멋대로 굴겠지. 마치 사람들이 선생님의 분노에 점점 더 먹이를 줘서 분노가 더 커지고, 선생님은 공격적으로 변하게 되는 거야.

이런 상황은 다양한 사람이 여러 의견을 전하면서 오래 지속되었어. 나는 마티유를 위해 치밀하게 180도 전략을 구상할 수밖에 없었어. 그리고 상황을 바꾸려면 마티유 반 아이들이 정말로 강력하게 대응해야 했지. 솔직하게 말하자면, 이 180

도 전략을 실행하기 위해서는 반 전체가 용기와 융통성을 많이 발휘해야 했어.

나는 마티유에게 이런 아이디어를 내놓았어. 다음 수학 시간이 되면, 수업을 시작하기 전에 한 학생이 반 전체를 대표해서 공지할 내용이 하나 있다고 선생님에게 이렇게 말하는 거야. 제일 중요한 점은 말할 때 조금도 비꼬는 느낌이 나서는 안 된다는 거지.

'선생님, 모두에게 닥칠 현실을 생각해서 까다롭고 엄격하게 훈련시켜 주는 사람은 다른 누구도 아닌 선생님이에요. 이 사실을 우리가 깨달았다고 꼭 말씀드리고 싶습니다. 왜냐하면 이런 목표를 가지고 계신 선생님은 확실히 수학 선생님뿐이니까요. 우리의 장래가 혹독한 세상에 맞서다 쓰러지지 않게끔 보살펴 주는 선생님을 만난 건 정말 기적이에요. 그래서 저희는 선생님께 감사하다고 말씀드리고 싶었어요. 그리고 앞으로도 선생님께서 필요하다고 생각할 때마다 우리의 어떤 점이 형편없고, 실망스러운지 알려 주세요. 우리에게 도움이 되는 조언이니까요. 감사합니다.'

정말 이상한 방법처럼 보이겠지만, 이렇게 공지하면 이런 효과가 나게 되어 있어.

 수학 선생님이 계속해서 공격적으로 굴고 학생들을

모욕한다면, 마치 학생들에게 즐거움을 주는 셈이 될 거야. 학생들이 그렇게 해 주라고 부탁했으니까. 마치 수학 선생님이 학생들에게 복종하는 것이나 마찬가지인 거지! 그리고 그렇게 되면 수학 선생님은 견디기 어려울 거야. 수학 선생님은 사람들이 자신에게 굴복하는 것을 좋아하는 것처럼 보이거든. 설령 그 때문에 남들이 자신을 싫어한다고 해도 말이야.

➡️   수학 선생님이 공개적으로 모욕을 주는 행동을 멈춘다면, 마티유네 반이 이기는 셈이야. 반 친구들이 원했던 것이니까. 그리고 공지한 다음에 또 모욕당한다면, 표적이 된 학생은 엄숙하게 선생님께 감사하다고 인사해야 해. '선생님, 혹독한 인생을 버틸 수 있게 이렇게 우리를 훈련 시켜 주시니 마음 깊이 감사드립니다'라고 말이야.

반 아이들과 이야기를 나누니 확실히 혼란스러운 분위기였어. 내가 설명했던 것처럼, 이 180도 전략은 어려운 전략이었으니까. 냉혈한에게 고마워하다니, 솔직히 이런 아이디어가 대체 어디 있겠어! 게다가 다른 것도 아니고, 모욕적인 행동을 계속하라고 부탁하기까지 하다니 말이야. 물론 이런 반응은 너와 달리 180도 전략에 아직 익숙하지 않은 아이들한테서 나온 반응이었어.

그래도 마티유의 말은 설득력 있는 편이었어. 이 전략이 실패한다더라도 아무것도 달라지지는 않을 것이고, 또 적어도 무언가 다른 방법을 시도할 수 있다는 장점을 확실히 말했거든. 그래서 학생 대표 한 명이 자리에서 일어서서 반 전체를 대표해 준비한 공지문을 읽었어.

공지를 들은 수학 선생님은 잠시 아무런 말이 없었어. 마티유는 수학 선생님이 무슨 헬륨 풍선처럼 문자 그대로 터져 버릴까 봐 정말로 무서웠다고 얘기했어. 그러다 수학 선생님은 자리에 앉아 이렇게 말했지.

"교사 생활 30년을 해 왔지만, 내가 생각하는 교사의 역할을 반 아이들이 알아준 건 이번이 처음이구나."

어떤 아이들은 수학 선생님이 눈물을 닦는 모습도 보았다고 얘기했어. 그렇지만 마티유는 그 말을 믿지 않았지. 하지만 그 뒤로 마티유는 수학 선생님을 무서워하지 않았어.

"혹시라도 제가 도저히 참을 수 없는 말을 수학 선생님이 할 때면, 어떻게 해야 할지 이제는 알고 있어요. 감사하다고 하면 되죠. 전에는 제가 아무것도 할 수 없다고만 생각했거든요."

네가
직접 해볼
차례야!

▶ 모두가 힘을 합치는 이 전
  략에 관해 너는 어떻게 생
  각해?

▶ 유독 매몰차고 부당하게 구
  는 선생님, 또는 너희 반을
  못살게 구는 선생님을 향한
  공지문을 만들어 봐.

"수영복 사진이
소셜 미디어에
올라갔어요."

노라
14세

일곱 번째 이야기

바보 같은 제 동생이 본인 소셜 미디어에다 가족 휴가를 갔을 때 찍은 사진을 올렸어요. 연분홍색 수영복을 입은 제 모습이 사진 뒤편에 있었죠. 언뜻 보면 완전히 발가벗은 모습처럼 보였어요. 이 사실을 알게 된 건 일요일이었어요. 차분하게 숙제를 하고 있었는데, 제일 친한 친구인 소피안이 온라인에서 어떤 일이 벌어지고 있는지 메시지로 알려 주었어요.

저는 소셜 미디어에 들어가 사진 아래에 달린 댓글들을 봤어요. 대체 어쩌다 이렇게 됐는지 모르겠어요. 모두 무시무시하게 달려들어서는 저에 관한 끔찍한 말들을 썼더라고요. 댓글을 볼 때마다 배가 아팠어요. 꼭 모든 사람이 저를 짓밟고, 비참하게 만들려고 말을 내뱉는 것 같았어요. 소피안 같은 몇몇 친구들이 저를 옹호하려고 해 봤지만, 제 친구들의 말은 아무도 듣지 않았어요. 제 동생은 미안해하면서 소셜 미디어에서 사진을 내렸죠. 그렇지만 이미 너무 늦었어요. 사진은 벌써 수도 없이 공유되고, 확대되고, 그럴 때마다 제 신상도 같이 드러났거든요.

문제는 이 일을 차마 엄마에게 말할 수 없었다는 거예요. 엄마는 소셜 미디어를 싫어해서, 우리가 2년 동안 설득한 끝에야 휴대폰을 살 수가 있었거든요. 그러니 엄마가 이 사건을 알게 되면, 우리가 스물다섯 살 정도가 될 때까지 휴대폰을 압수할 게 분명했어요. 그래서 저 혼자 해결해야 했죠. 동생은 이렇게 말했어요.

"미안해. 정말로 미안해."

사과해도 바뀌는 건 없었어요. 머릿속에는 이런 질문이 떠올랐어요. '대체 어떻게 해야 내일 학교를 안 갈 수 있을까?' 이런 생각도 들었죠. '학교에 갔다가는 모두 나를 비웃으면서 쳐다볼 거야. 전에도 어떤 4학년 여자아이가 비슷한 일을 당한 적이 있는데, 무슨 살육을 벌이는 것 같았지. 그 아이는 여섯 달 동안 사람들 눈에 안 띄게 지내다가, 결국은 전학을 갈 수밖에 없었어. 그렇지만 내가 며칠 동안만 학교를 안 가면, 어쩌면 아이들 관심이 다른 데로 옮겨갈지도 몰라.' 이런 상상이 제 희망이었어요.

왜냐하면 저한테 벌어질 만한 최악의 상황은 외톨이가 되

는 일이었거든요. 학교 식당에서 혼자 밥 먹고, 운동장에 가서도 혼자 있는 거요. 할 일이라고는 문자 메시지를 보내는 것뿐인 신세. 혹시라도 모두 계속 저를 공격하며 덤벼들다 보면, 친구들이 질려서 저를 포기할지도 모르잖아요. 온갖 혐오스러운 별명이 붙은 사람하고는 친구로 지내기 싫을 테니까요.

그래서 저는 배탈이 단단히 난 척 꾀병을 부렸어요. 사흘 동안 집에서 쉬었죠. 사건이 벌어졌던 소셜 미디어에는 접속하지 않았어요. 너무 무서웠거든요. 설령 소셜 미디어에서는 아무런 난리가 없다고 하더라도, 나중에 또 시작되지 말라는 법은 없으니까요. 그리고 만약에 소셜 미디어에 다시 들어갔다가 사람들이 또 제 이야기를 한다면 저는 정말 힘들어질 거예요. 그래서 둘 중 어느 쪽이든 간에 나쁘기는 마찬가지여서, 차라리 모르는 게 낫겠다고 생각했어요.

동생은 사흘 동안 학교에서 제 소식을 궁금해 하는 제 친구들 빼고는 제 얘기를 한 사람이 없다고 했어요. 그래도 안심이 되지 않았어요. 제가 다시 학교에 모습을 비추게 되면, 바닷가에서 찍었던 그 사진을 몇몇 아이들이 떠올릴 거고, 그러면 욕설이 다시 시작될 테니까요. 그런 생각을 떠올릴 때마다 속이 메스꺼웠어요. 오늘 아침에는 완전히 기진맥진해졌죠. 'CNED(국립원격수업센터)'*를 통해서 온라인으로 수업을 들을까도 생각 중이에요. 그렇게 하면 저를 놀림거리로 삼는 사람들을 직접 마주하지 않아도 되겠죠. 또 어떤 때는 제가 다시 학교에 나갈 때쯤이면 일이 잘 해결됐을 거라며 마음을 가라앉히려고 해요. 그렇지만 어쩌면 일이 잘 풀리는 건 불가능할지도 몰라요. 이렇게 힘들었던 적이 없어요. 어떻게 해야 할지 모르겠어요.

★ CNED
프랑스 교육부 산하의 교육 기관이다. 유치원부터 대학교 수준에 이르는 삼천 개 가까이 되는 원격 수업을 제공한다.

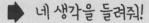

네 생각을 들려줘!

▶ 아주 어두컴컴하고 긴 복도에 있는데, 귀신이 너를 뒤쫓아 온다고 상상해 봐. 말도 못하게 끔찍한 귀신이야. 귀신이 내쉬는 숨이 네 목덜미에 느껴질 정도야. 그렇게 생각하니 너무 무서워져서 울면서 계속 달리는 거지. 이번에는 네가 달리던 발걸음을 멈추고, 뒤돌아서서 귀신의 눈을 쳐다본 다고 상상해 봐. 네 생각에 이 귀신이 어떻게 할 것 같아?

❶ 귀신이 나를 산 채로 잡아먹는다.

❷ 귀신이 내 몸을 뚫고 지나가서, 내가 아파할 것이다.

❸ 귀신이 나를 건드려서 나도 귀신이 된다.

❹ 귀신이 멈춰 서서는 자리를 뜬다. 귀신이 즐거워하던 이 유는 바로 내가 자기 앞에서 뛰어갔기 때문이다.

▶ 너를 두렵게 하는 상황을 피하면, 두려움이 줄어들까 아 니면 반대로 두려움이 커질까?

▶ 네가 피해 다니느라 계속 두려워 했던 경험이 있니?

▶ 노라가 자신의 두려움을 잘 다룰 수 있게 하려면, 어떤 조 언이 필요할까?

괴롭힘, 어떻게 끝낼 수 있을까?

 도저히 견딜 수 없는 이 상황에서 노라가 하는 행동은 바로 이거야.

➡️ 자기가 가장 두려워하는 상황을 피하고 있어. 학교에 나가지 않고, 또 학교에 다시 갔을 때 일어날 수 있는 일을 구체적으로 떠올려 보지 않는 것이지.

➡️ 자신을 놀리는 사람들이 다른 일에 관심을 가질지도 모른다고 생각하며 안심하기도 해.

따라서 이제는 이미 익숙해진 180도 법칙에 따른다면, 노라는 가장 두려운 상황을 피하는 대신에 정면으로 맞서야 할 거야. 그리고 자신을 안심시키는 일도 멈춰야겠지. 그러지 않았다가는, 노라가 더는 학교에 못 갈 테니 말이야. 그렇게 학교에 가지 않는 행동을 어른의 세계에서는 '등교 거부'라고 불러. 그래서 나는 노라에게 이렇게 얘기를 해 주었어.

"학교에서 벌어질 일이 너무 역겨울 거라고 단정 짓고, 온라인 수업을 듣겠다고 결정할 수도 있어. 온라인 수업으로 교육을 받는 어린이나 청소년도 있으니까. 이때 문제는 네 친구들을 전부 잃을 수도 있다는 점이야. 친구들하고 만날 일이 많지 않을 테니까. 더군다나 네가 친구들을 만날 수 있는 곳은 네 집이 되겠지. 그리고 내가 보기에 어느 정도 시간이 지나고 나면 친구들은 '아픈' 친구를 만나러 네 집까지 가는 데에 지치고 말거야. 그렇게 되면 최악의 악몽 같은 상황은 현실이 되겠지. 너는 혼자서 방에 갇힌 채, 아무런 사회생활도 못 하게 될 거야. 그런 데다가, 싸울 시도조차 하지 않은 스스로가 조금은 형편없다고도 생각하게 되겠지. 어떤 현인은 '가장 고통스러운 상처는 바로 치르지 않은 싸움이 남긴 상처다'라고도 했잖아. 그렇지만 너는 학교에서 벌어질 끔찍한 일은 마주하지 않아도 될 거야. 이 사실이 어쨌든 간에 마음의 짐으로 남겠지.

또는 학교에 돌아갔을 때 벌어질 싸움에 정신적으로 준비를 갖출 수도 있어. 이 방법을 선택한다면, 누군가와 대치하게 되었을 때 너는 이미 준비된 상태겠지. 그리고 자주 대치하게 될 수도 있어. 다만 이 싸움은 네게 쉽지 않을 거야. 너를 쫓아오던 귀신을 정면으로 쳐다봐야 하니까.

언제 하더라도 엄청나게 불쾌한 훈련이 될 거야. 마치 얼음

물에 뛰어드는 것과 같지. 네가 바란다면 내가 중간까지는 같이 따라가 줄 수 있어. 그래도 물에 얼음이 얼어 있는 건 마찬가지일 거야. 추위에 맞서는 방법은 내가 전부 준비해 뒀어."

노라는 잠시 생각에 잠겼다가 내게 이렇게 말했어.

"제가 어떻게 해야 하는지 일단 얘기해 주세요. 그러면 제가 가능한지 말씀드릴게요."

그래서 나는 노라에게 이런 장면을 떠올려 보라고 했어.

"내일 학교에 가자마자 저 멀리서 모여 있는 3학년 남자아이들을 상상해 보자. 네가 본 적은 있지만, 말을 섞은 적 없는 아이들이야. 그들이 너를 보자마자 자기들끼리 낄낄대며 네게 다가와 이렇게 말을 건다고 가정해 보자.

'어, 섹시한 애 아냐? 소셜 미디어에서 완전 다 벗고 다니던데? 네가 나온 포르노 사진들은 파는 거야, 아니면 공짜야?'"

노라는 두 손으로 눈을 가리며 말했어.

"너무 끔찍해요."

"그런 기분이 든다는 건, 우리가 알맞은 귀신을 찾아냈다는 뜻이야. 너를 가장 두렵게 만드는 바로 그 귀신이지. 그러면 생각을 계속 이어가 보자. 그 귀신의 눈을 제대로 쳐다봐야만 구역질도, 다리에 힘이 쭉 빠지는 일도 끝날 테니까. 네가 그 아이들에게 이렇게 얘기한다고 상상해 봐.

'사진은 지금 공짜야. 내가 찍고 있는 영화는 유료지만 말이

야. 그렇지만 너네는 너무 어려서 그런 건 못 볼 걸. 너희들 엄마가 정말 싫어할 텐데.'

그러고는 미소를 지으며 자리를 뜨는 거지. 그 남자아이들이 할 만한 말이 뭐가 있을까? 걔네가 이런 말을 할지도 모르지.

'아, 역시 더러운 애였네.'

그러면 너는 어깨 너머로 이렇게 대답하는 거야. 예를 들자면, '애야, 너는 너무 어려서 그런 말은 하면 안 돼. 가서 엄마 젖이나 더 먹고 와.' 아니면 '그 보기 흉한 여드름 먼저 어떻게 좀 하고 와. 그런 다음에 얘기하자.'라고 하는 거지. 다 큰 어른 같은 분위기를 풍기면서 말이야. 그러면 그 남자아이들이 뭐라고 말할 수 있을까?"

"말문이 조금 막힐지도 몰라요. 그렇지만 남자아이들에게 그렇게 말하려면 힘들 것 같아요. 저는 소심하거든요."

"선택은 네 몫이야. CNED로 온라인 수업을 듣는 방법은 아직 남아 있으니까. 네가 꺼내서 쓸 만한 화살에 익숙해질 수 있도록 1주일 동안 연습을 한번 해 보자. 그러고 나서 누가 사진 이야기를 꺼내면 네가 그 화살을 쏠 수 있을지 확인해 보는 거야. 만약에 화살을 쏘기가 너무 힘들다면, 네게 일어났던 일들을 부모님에게 설명해야겠지. 그래야 네가 실행할 수 있는 다른 해결책을 함께 결정할 수 있을 테니 말이야."

마침내 학교에 돌아갔을 때 노라에게 사진 이야기를 꺼내는 사람은 아무도 없었어. 그렇지만 혹시나 그런 일이 벌어질 경우를 대비해 노라는 준비를 모두 갖춘 상태였지. 바로 그 사실 덕분에 모든 상황이 달라졌어. 노라는 당당하게 생활할 수 있게 된 거야.

네가
직접 해볼
차례야!

▶ 소셜 미디어에서 문제가 생겼던 적이 있니?

▶ 노라가 다른 욕설을 듣게 되면 현실에서는 어떻게 대응할 수 있을까?

▶ 너는 그 문제를 어떻게 해결했니?

▶ 소셜 미디어에서는 어떻게 대응할 수 있을까?

야레드
13세

여덟 번째 이야기

이 학교에 전학을 왔을 때 그렇게 편하지는 않았어요. 같은 반인 세 녀석이 저를 백설공주라고 놀리거나, 제가 지나갈 때마다 원숭이 소리를 냈거든요. 그래도 반에 있는 다른 아이들과 제법 많이 이야기한 덕분에 기분이 꽤 나아졌었어요. 그렇지만 '샤를리 에브도 테러 사건'★이 벌어진 뒤로는 정말 끔찍했어요.

저를 놀렸던 애들은 자꾸 뒤따라와서 저를 복도 한구석에다 몰아놓고 '테러리스트'라고 놀려요. 제가 공부할 수 있게 돈을 대주는 곳이 'ISIS'가 아니냐고 물어보고, 자기들이 저를 계

★ 샤를리 에브도 테러 사건
프랑스의 풍자적인 주간지 《샤를리 에브도》가 선지자 무함마드에 대한 만평을 발표한데에 앙심을 품은 테러리스트 두 명이 무장한 채 《샤를리 에브도》 사무실을 습격해 사상자를 낸 사건이다.

속 지켜보고 있다면서 절대 누구와도 떠들지 말라고 해요. 다른 애들에게 말을 걸었다가는 저를 죽여 버릴 거라고 했죠. 걔네는 이렇게 얘기해요.

"뭐, 어차피 원숭이하고 얘기하려는 사람은 아무도 없겠지만 말이야."

그래서 친구들하고도 놀지 않게 되었어요. 걔네가 무서웠거든요. 하지만 저는 매번 걔네가 오해하는 거라고 말했어요. 저는 극단적인 보수주의자가 아니라 그냥 무슬림이고, 저희 가족은 모두 테러에 반대한다고도 했죠. 그 애들은 제 말에 관심이 없어요. 제가 하는 말은 죄다 '지하드주의자'★들이 하는 말과 똑같다고 그랬어요. 언젠가 걔네가 저를 화장실에 몰아넣고, 제 머리를 변기에 집어넣으려고까지 했어요. 저를 익사시키기라도 하려는 듯이 세 번이나 연거푸 밀어 넣었고요. 저는 발버둥을 쳤지만, 한계가 있었어요.

더는 참을 수 없어서 학교 상담 선생님을 찾아갔어요. 부모님에게는 제가 괴롭힘당했다는 것을 말하지 않았어요. 애들이 저를 테러리스트라고 놀렸다는 걸 아빠가 알면 어떤 표정을

★ 지하드주의자
이슬람 원리에 따른 국가를 세우고자 무장 운동을 벌이는 이슬람 극단주의자들이다.

지을지 훤히 그려졌거든요. 게다가 선생님에게는 걔네가 퇴학당할 수도 있으니 화장실 사건을 말하진 않았어요. 선생님은 그들을 곧바로 불렀어요. 혹시라도 이런 일이 또 벌어지면, 일주일 동안 정학을 받을 거라고 그들에게 얘기했죠. 그리고 선생님은 이렇게 말했어요.

"지금은 너희 부모님들을 호출하지 않겠지만, 혹시나 야레드가 다시 불만을 제기하는 일이 생기면, 그때는 부모님을 부를 거다. 경고야."

선생님은 그 애들더러 제게 사과하라고 시켰어요. 함께 어울려 살아야 한다는 기본적인 원칙을 다시 잘 일러달라고 3학년 담임 선생님들 모두에게 요청할 거라고도 했죠. 세 녀석은 제게 사과했어요. 저는 그 사과를 믿었어요. 마지막에 사과한 애가 이렇게 얘기했거든요.

"미안해, 야레드. 네가 그렇게 힘든 줄 몰랐어."

어쩌면 저는 그 애들과 친구로 지낼 수 있을지도 모른다고 순진하게 생각했죠. 하지만 제가 착각했다는 사실을 다음 날 바로 깨달았어요. 걔네가 저를 또 구석에 몰아넣고는 이렇게 얘기했거든요.

"뭐가 뭔지 분간도 못 하는 사람들이 있다고 해서 네가 이 학교에서 멋대로 굴 수 있는 건 절대 아니야, 테러리스트 자식아. 우리가 매일 너를 지켜보고 있다는 걸 알려 주겠어. 혹시나 우리 중에 누구라도 너 때문에 벌을 받으면 당장 복수할 거야. 거기다 우리 부모님도 우리랑 같은 생각이라고. 그러니까 우리는 하나도 위험할 게 없다는 소리야. 결국 꼬리 내리고 도망가야 하는 건 너라는 말이지."

결국 저는 걔네를 마주치지 않으려고 수업이 끝나면 최대한 늦게 교실에서 나와요. 거의 매 쉬는 시간마다 화장실에 숨어서 지내죠. 특히 그 애들의 신경을 건드리지 않으려고 아무하고도 대화하지 않아요. 요즘은 학교에 가기가 무서워요. 이제는 학교에서 나갈 때도 겁이 나고, 집에 가는 버스에 올라타기 전까지 계속 뒤를 살피게 돼요. 부모님께 전학을 보내 달라고 부탁해야 할 것 같아요.

▶ 네가 보기에는 샤를리 에브도 테러 사건 이후에 왜 야레 드의 상황이 더 나빠진 것 같아?

▶ 180도 법칙에 따라 도식을 직접 만들어 보자. 지금까지 야레드가 했던, 아무런 효과도 없었던 행동은 무엇일까?

▶ 이제는 네가 부메랑 전략 전문가가 되어 보자. 네가 야레 드에게 추천할 만한 방법이 있을까?

괴롭힘, 어떻게 끝낼 수 있을까?

앞에서 마티유의 경험에 나왔던 수학 선생님과 비슷하게 어려운 상황이야. 왜냐하면 상대방이 폭력을 쓰면서 공격할 때는 대응도 강력하게 해야 하거든. 물론 전학을 갈 수도 있어. 하지만 학교를 떠나는 사람이 야레드일 수밖에 없다는 점을 생각해 본다면, 이 방법은 어디까지나 최후의 수단이 되어야겠지. 게다가 새로 전학을 간 학교에서 혹시나 비슷한 공격을 또 받게 된다면, 야레드는 자신을 지키는 방법을 영영 모르게 될 거야.

지금까지 야레드가 선택한 방법은 자신이 테러와 아무런 상관이 없다고 가해자들을 설득하는 방법이었어. 가해자들이 하는 말은 사실과도 맞지 않고 인종차별적이며, 여러 오해가 뒤죽박죽 뒤섞였다고 설명했지. 당연히 맞는 말이야. 그렇지만 이런 말이 다른 어느 말보다도 이 '친구들'을 화나게 만드는 것 같아.

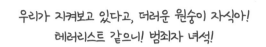

따라서 반대되는 행동을 취해야 해. 최대한 전략적인 방법으로 말이야. 야레드는 자신의 관점을 이성적이고 논리정연하게 설명해. 나는 바로 그런 야레드의 행동이 그 아이들의 분노를 키운다고 알려 주었어. 걔들은 야레드와는 다른 신념을 가지고 있어서, 야레드의 말을 듣지 않는 것 같아도 듣고 있거든. 그러니 우리는 그 아이들이 또 그들만의 생각을 드러낼 때마다 기분이 아주 나빠질 수 있는 방법을 찾아야 했어. 야레드는 이전까지는 그 아이들의 폭력을 피하려고 다른 아이들과도 떨어져 지내고, 학교에서 조용히 지내기만 했으니까.

▶ **1** 나는 야레드에게 먼저 괴롭힘 가해자들이 시킨 내용과 정반대로 행동해 보라고 제안했어. 학기 초에 같이 놀던 아이들에게 다가가는 것 말이야. 그래서 어떤 일이 있었는지도 말하고 괴롭힘을 멈추려면 어떻게 하라는 경고를 들었는지까지도 말하는 거야. 그렇게 사이를 회복해서 더는 외따로 지내지 않는 거지. 할 수 있는 최대한으로 노력하라고 했어.

▶ **2** 그런 다음, 가해자 무리가 다가와서 다른 아이들이 있는데도 테러리스트라고 부르면서 놀린다면, 높고 큰 소리로 이렇게 응수하는 거야.

'나는 테러리스트 맞아. 거기다 나는 식인까지 한다고. 흑인들은 다들 그렇게 하잖아. 조심해, 네 혀는 내가 먹어 치울 테

니까. 먹음직스럽고 조그만 하얀 치즈 같네.'

야레드는 미소를 지으며 내게 말했어.

"마음에 들어요. 걔들은 어느 여자애들 앞에만 가면 계속 허세를 부려대는데, 그 여자애들 앞에서 그렇게 말하면 더 좋겠네요."

야레드가 계획대로 움직였고, 이후 벌어진 일은 꽤 재밌었어. 가해자들은 학교 상담 선생님을 찾아가 불만을 제기했지. 학교 상담 선생님은 야레드를 불러서 야레드가 가해자들에게 식인을 하겠다고 협박했는지 물었어.

야레드는 화를 벌컥 내면서, 괴롭힘 가해자들이 이제는 자기를 괴롭히려고 별 얘기를 다 지어낸다고 했어. 게다가 살면서 그렇게 인종차별적인 말은 처음 들어 본다고 했지. 상담실을 나온 다음, 야레드는 세 남자아이 가운데 한 명의 귓가에 조용히 이를 꽉 깨물며 말했어.

"네 귀는 내가 집어삼켜 주겠어, 꼬마 백인 녀석아."

그 뒤로 남자아이들은 더 이상 야레드에게 덤벼들지 않았어.

네가
직접 해볼
차례야!

▶ 야레드가 조금 강하게 나갔다고 생각하니?

▶ 다른 방법으로는 어떤 것들이 있었을까?

▶ 만약에 네가 인종차별의 피해자가 된다면, 너는 어떻게 스스로를 지킬 것 같아?

"저는 항상
시험을 망쳐요."

쥘리에트
14세

아홉 번째 이야기

저는 항상 시험을 망쳐요. 그래서 정말 의욕이 없어요. 저는 항상 주변 친구들보다 적어도 두 배는 더 공부하거든요. 그런데도 시험을 볼 때마다 망쳐요. 숙제는 그럭저럭해요. 아빠에게 도움을 많이 받지만요. 시험 시간에 시험지를 받아 들기만 하면 이상해져요. 분명 내용을 다 외웠는데도 제 머리에 블랙홀이 내용을 지우는 것 같아요. 장막 같은 게 눈앞을 덮어 아무것도 보이지 않는 것처럼요. 공부했던 모든 내용이 기억나지 않아요. 정말 끔찍해요!

지난주에는 '중학교 졸업 연습 시험Brevete Blanc'★ 성적표를

★ 중학교 졸업 연습 시험
프랑스 교육 과정에 있는 시험으로, 중학교 졸업 시험을 치르기 전에 보는 연습 시험이다.

받았어요. 미친 듯이 공부했는데도 20점 만점에 평균 8점을 받았어요. 특히 수학은 시험 범위에 나온 정의도 완전히 다 공부하고, 연습 문제도 아빠와 함께 전부 풀었는데도 4점이었죠. 따지고 보면 아빠가 제 숙제를 대신했다고 하는 편이 맞겠죠. 저는 정말 못 하겠더라고요. 혼자서는 풀 수가 없어서 아빠의 도움을 받아야만 해결할 수 있는 문제도 꽤 됐어요. 그래도 그게 저한테는 훈련이 됐어요.

시험 점수를 알고 나서부터 기분이 나아지질 않아요. 시험에 나오는 거의 모든 내용을 필기해서 정리했어요. 시험을 치르기 직전까지 필기한 내용을 읽고 확실하게 기억하려고 마지막까지 읽고 또 읽었다니까요. 그래도 효과는 없었어요.

매번 이런 블랙홀에 빠지고 말아요. 마음을 다스리려고 심호흡을 하는데도 항상 블랙홀이 튀어나와요. 그래서 머릿속에 그나마 남아 있는 내용이라도 꺼내서 시험지를 채워요. 질문에 들어맞는 답이 아니라는 생각을 하면서도요. 그러고는 이렇게 생각하죠. '미친 듯이 노력했으니까 적어도 뭐라도 쓸 수 있는 거야. 시험지를 백지로 낸다면 내가 공부를 하나도 안 했다는 소리가 되겠지만, 지금은 적어도 선생님들이 내가 공부했다는 건 알 수 있겠지.'

제일 걱정되는 건, 다음에 볼 중학교 졸업 시험, 그리고 중학교 졸업 시험 이후 2년이 지나면 볼 대학 입학 자격 시험이에요. 이 상태라면 남은 시험들도 정말 망칠 것 같아요. 친구들은 저더러 이렇게 얘기해요.

"그렇지만 쥘리에트, 너는 올해 초부터 벌써 전부 필기했잖아. 필기한 내용만 보면 복습이 될 텐데, 진짜 대단해."

다만 그 방법이 효과가 없다는 게 문제죠. 저는 시험을 치를 때면 필기한 내용을 전부 까먹잖아요. 필기는 아무런 도움이 안 돼요. 그래서 너무 기운이 없어요.

부모님은 저더러 공부를 너무 많이 한다면서, 마음을 편하게 먹으라고 했어요. 방학이었던 2월에는 제가 숙제를 할 수 없도록 엄마가 자료를 전부 압수했고요. 하지만 그것 때문에 더 스트레스를 받았어요. 밤에 일어나서 몰래 숙제를 했다니까요. 사실 저는 아직도 더 공부해야 한다고 생각해요. 저를 괴롭히는 정의들을 더 잘 기억할 방법을 찾고 싶어서요.

요즘은 춤을 출 때만 기분이 좋아요. 춤을 출 때는 마음이 편안해요. 심지어는 연말 파티 때 춤을 추더라도 말이죠. 연말 파티 때는 조금은 겁이 나기는 하지만, 쪽지 시험과는 비교도 할 수 없을 만큼 편해요.

➡ 네 생각을 들려줘!

▶ 네가 보기에는 쥘리에트가 연말 파티에서도 춤을 편하게 추는데, 쪽지 시험에서는 성적을 못 받는 이유가 무엇인 것 같니?

▶ 이야기를 하나 들려줄게. 지네가 숲을 돌아다니다가 달팽이를 만났어. 달팽이가 지네에게 얘기했지.
"예전부터 궁금했는데, 어떻게 그렇게 발이 많은데 한 번도 넘어지지 않을 수 있니?"
그 질문을 들은 지네는 생각에 잠기더니 갑자기 더는 걸을 수 없게 되었어. 마치 무언가에 가로막힌 것 같았지. 지네는 그렇게 족히 한 시간은 꼼짝도 못 하고 있었어. 그러다 반바지를 입은 잘생긴 지네 한 마리가 지나가자, 이 지네는 다시 걸음을 옮겼어.
이 이야기를 들으니 혹시 쥘리에트의 이야기가 떠오르는 것 같지 않아? 그 이유는 무엇일까?

▶ 전략적인 도식을 만들어 쥘리에트가 하는 행동을 살펴보고, 문제를 더 악화시키는 행동이 무엇인지를 알아보자.

▶ 쥘리에트가 다음 시험을 잘 보기 위해 네가 어떤 전략을 권해줄 수 있을까?

괴롭힘, 어떻게 끝낼 수 있을까?

다른 사례와 달리, 쥘리에트는 자기 자신에게 맞서 스스로를 지킬 수 있는 방법을 찾아내야 해. 이 상황은 자학에 가까워. 쥘리에트는 공부를 하면 할수록 성적이 더 나빠지잖아. 아무래도 부당한 상황이지. 이런 상황을 쥘리에트가 지긋지긋하다고 여기는 것도 잘 알 수 있어. 게다가 스트레스를 줄이면서 성적을 올릴 수 있는 해결책을 찾고 있다는 사실도 말이야. 그래서 나는 연말 파티 때도 우두커니 있거나, 공연을 망치지 않도록 춤을 외우는지를 쥘리에트에게 물었어. 쥘리에트는 이렇게 대답했지.

"음, 아뇨. 그렇게 외울 필요 없어요. 발걸음이 알아서 자연스럽게 움직이는 걸요."

쥘리에트의 대답에는 문제를 해결할 힌트가 있었어. 나는 춤과 다르게 공부한 내용을 억지로 외우려는 행동이 바로 쥘리에트의 문제라고 쥘리에트에게 설명했어. 그렇게 억지로 집어넣었더니 어떻게 되었지? 아무런 효과가 없었어. 특히 수학적 정의, 연습 문제 같은 정보들을 외운다고 한들 쥘리에트에게 아무런 의미가 없었잖아. 쥘리에트의 뇌는 조금만 지나면 그런 정보들을 내쳤어. 마치 쥘리에트의 뇌는 이렇게 생각하는 셈이야. '이렇게 아무런 의미도 없고, 머리만 아프게 하는 것들을 왜 내가 가지고 있어야 하는 거지? 나한테는 춤 스텝을 밟을 만한 공간을 확보하는 게 더 중요하단 말이야.' 그러다 보니 시험 기간을 맞이한 쥘리에트의 머릿속에서는 공부한 정보를 찾지 못하는 거야.

그래서 나는 쥘리에트에게 자신의 뇌를 조금 더 다정하게 대하는 건 어떠냐고 물었어. 그래야 쥘리에트의 뇌도 중요한 순간에 쥘리에트를 더 다정하게 대해줄 테니까. 그리고 이런 설명도 덧붙였어.

"다음 시험을 볼 때, 새로 알려 주는 두 가지 규칙을 엄격하게 지켜야 해. 네게는 아주 지키기 힘든 규칙들일 테지만 말이야. 그렇지만 지금까지 하던 방식대로 계속하다가는 중학교 졸업 시험이나 다른 시험도 망치고 말 거야. 그러니까 최종 결정을 내리는 네가 이쯤에서 확실히 타협해야 해. 새로운 두 가지 규칙을 도저히 적용할 수가 없다면, 블랙홀을 계속 마주할 수밖에 없어. 이 악순환을 끝내고 싶다면, 이렇게 해 봐.

▶ 1 네가 완전히 이해하지 못한 내용을 외워서는 안 돼. 이해하지 못하면 배울 수도 없어. 왜냐하면 쓸모없는 정보를 네 머릿속 하드 디스크에 쌓는 셈이니까.

▶ 2 앞으로 15일 동안은 네 아버지의 도움을 받아서는 안 돼. 첫 번째 규칙을 지키면서 혼자 시험을 준비하는 거야. 그 뒤에 어떤 결과가 나오는지 살펴보기로 해. 끔찍한 시간을 보내게 되겠지만, 네 뇌가 본래대로 돌아오게 하려면 치러야 하는 값이야."

규칙을 잘 지킨 쥘리에트는 평생 처음으로 수학 시험에서 14점이라는 높은 점수를 받았어. 중학교 졸업 시험을 준비하면서 쥘리에트는 그동안 해 두었던 필기를 모두 버리기 시작했지. 다음 책에서는 쥘리에트의 대학 입학 자격 시험 소식을 들려줄게.

네가
직접 해볼
차례야!

▶ 쥘리에트와 비슷하게 너도
혹시 너 자신의 적이 되었
다는 느낌을 받았던 경우가
있니? 어떻게 해서 네 문제
를 해결했어?

▶ 쥘리에트가 계속 공부해 나
갈 때 도움이 되도록 네가
권해 볼 수 있는 방법은 무
엇일까?

열 번째 이야기

저는 정말 운이 없어요. 제겐 아주 예쁘고 모두가 똑똑하다고 칭찬하는 아홉 살짜리 여동생이 있거든요. 솔직히 말하자면 제 여동생은 정말 괜찮아요. 그래서 더 최악이죠. 왜냐하면 그런 여동생을 싫어하는 오빠가 있다고 생각해 봐요. 그러면 이 오빠라는 사람이 정말 괴물 같다는 뜻이잖아요. 그러니까 제가 바로 그 괴물인 거죠.

"아가아아아아아아트를 싫어할 사람이 있겠어?"

할머니는 이렇게 말씀하세요. 항상 이런 식이에요. 아가트가 그림을 그리든, 노래를 부르든, 의견을 내든, 무언가를 할 때면 모두 마음을 빼앗겨요. 그 모습을 보면 칭찬할 수밖에 없어요. 더군다나 아가트는 재미있고 창의적인 면도 많아요. 그게 참 문제라니까요.

최악인 건 말이죠, 엄마는 제 기분이 상할까 봐 엄청나게 신경을 쓴다는 점이에요. 엄마는 제가 엄청나게 예민하다고 생각하거든요. 그래서 엄마가 아가트에게 칭찬하거나, 누군가가 아가트에게 칭찬할 때면 엄마는 제 장점을 찾으려고 아등바등 애를 써요. 그렇지만 그런 노력이 소용없는 경우가 많아요. 당연히 칭찬할 거리가 별로 없으니까요. 솔직히 얘기하자면 서로에게 아주 끔찍한 일이에요. 그래서 이런 상황이 벌어질 때면 저는 자리에서 일어나 제 방으로 가서 게임을 해요. 문은 쾅 닫죠. 모두 마음속으로 이렇게 생각한다는 것도 잘 알고 있어요. '저 정신 나간 녀석은 어쩜 이렇게 호감이 안 갈까. 여동생은 이렇게 사아아아아아랑스러운데 말이야.' 마찬가지로, 엄마는 아가트를 데리고 학교에서 돌아오면 이렇게 얘기해요.

"아가트가 너를 생각해서 네가 제일 좋아하는 요구르트를 가져왔대. 캐러멜 맛 초콜릿도 가져왔어."

그러면 짜증이 나요. 이렇게 나무랄 데 없는 모습이라니, 도저히 어떤 건지 짐작도 못 할 걸요! 그래서 저는 이렇게 얘기해요.

"나는 가져와 달라고 한 적 없어."

엄마는 눈을 하늘로 치켜뜨고, 아가트는 슬픈 표정을 지어요. 그러면 저는 소리라도 콱 지르고 싶죠. 그래서 그냥 제 방으로 올라가요. 그런데 이런 상황은 정말 어려워요. 저는 아가트한테 잘해 주고 싶은 마음이 없어요. 솔직히 아가트 때문에 성가셔요. 그리고 아가트를 좋아해 주는 사람은 이미 엄청 많아요. 그렇지만 그런 와중에도 아가트는 저를 기쁘게 할 만한 일은 뭐든지 해요. 아가트는 저를 무척 좋아하거든요. 그래서 아가트는 자기가 직접 만든 간식을 제게 가져오기도 하고, 용돈을 모아서 제게 선물을 사 주기도 해요. 특히 아가트가 만든 캐러멜맛 초콜릿은 아주 정평이 나 있죠. 제 마음에는 고맙다고 얘기하고픈 루이와, 또 다른 루이 한 명이 있어요. 또 다른 루이는 이렇게 얘기하죠.

'날 좀 가만히 내버려 둬. 착한 척은 그만하고! 너 정말 지긋지긋해.'

요새 두 번째 루이가 자주 바깥으로 튀어나와요. 그러면 아가트의 눈에는 눈물이 맺히고, 그런 아가트는 엄마에게 찾아가 위로를 받아요. 저는 방에 혼자 남은 채 제가 형편없다는 생각에 빠져요. 항상 이런 식으로 화를 내니 제가 정말로 괴물이 되었다는 생각을 해요. 어떨 때는 엄마가 저를 찾아와 이렇게 얘기해요.

"뭐가 문제인지 엄마에게 얘기해 주렴, 루이야. 너도 알겠지만, 너 때문에 여동생이 많이 힘들어 해. 동생은 너를 즐겁게 해 주려고 무슨 일이든 하고 있잖니."

그러면 저는 이렇게 말해요.

"아가트의 오빠로 지내는 게 지긋지긋해요. 정말로 모두 다 아가트만 좋아하잖아요. 이런 건 너무 불공평해요."

"그렇지만 루이야, 엄마는 둘을 똑같이 대하는걸. 아가트에게 뭔가를 사 줄 때면, 너한테도 항상 무언가 사 주잖아. 최대한 공평하게 해 주려고 엄마는 항상 노력하고 있어."

그건 맞는 말이에요. 그래서 저는 이렇게 대답하죠.

"저는 물질적인 불평등 얘기를 하는 게 아니에요."

"어떤 상황이 불공평했는지 얘기해 주렴."

그러면 저는 설명하기 어렵다고 얘기해요. 항상 불공평하니까요. 모두 아가트만 좋아하잖아요. 행동 하나하나가 그렇다기보다는 전반적인 분위기가 이미 그래요. 제 말을 들은 엄마는 제게 이렇게 대답하죠.

"엄마는 루이 너도 정말 좋아하는걸."

제 머릿속에는 '그렇겠죠. 하지만 아가트보다는 덜할 거예요' 같은 상상만 떠올라요. 저는 안아 주겠다는 엄마를 내쳐요. 이렇게 거부한 걸 두고 나중에 후회할 것도 잘 알고 있는데도요. 기숙사에 간다고 하더라도 해결되지 않을 것 같아요.

네 생각을 들려줘!

▶ 종종 네가 두 사람인 것처럼 느낄 때가 있니? 한편에서는 이성적인 네가 어떻게 말하면 좋을지 알려 주는데, 다른 존재가 불쑥 끼어들어 전혀 다른 의견을 알려 준 경험 말이야.

▶ 감정과 이성 중 어떤 감정이 강한 것 같아?

▶ 어떤 사람의 행동을 싫어하면서도 그 사람을 좋아할 수 있을까?

▶ 너는 루이에게 어떤 조언을 해 주고 싶어?

괴롭힘, 어떻게 끝낼 수 있을까?

쥘리에트와 마찬가지로, 루이를 힘들게 만드는 건 루이 본인의 행동이야. 다만 루이는 쥘리에트와 달리 어떻게 행동해야 하는지를 전혀 모르고 있어. 나는 루이에게 루이의 입장으로 살고 싶진 않다고 솔직하게 털어놓았어. 천사 같은 여동생 옆에서 산다는 건 아무래도 엄청나게 어려운 일이잖아. 이런 상황이 얼마나 끔찍한지는 직접 겪지 않으면 아무도 몰라. 게다가 다른 사람들처럼 이 천사를 좋아하지 못해 죄책감까지 느끼게 돼. 마치 벌을 이중으로 받는 셈이야. 종합적인 도식을 살펴보니, 루이가 괴로움을 줄이려고 선택할 수 있는 방법은 총 두 가지야. 그런데 이 두 방법도 그다지 효과가 없어.

루이는 화가 치밀어 오를 때면 그 화를 부정하려고 해. 자기가 더 성격 좋은 사람이 되려고 하지. 계속 화를 낸다면 모두 자신을 미워할 거라고 생각해. 내가 보기에 이 방법은 좋지 않아. 화를 이런 식으로 대할수록 화는 더 커질 테니까 말이지.

➡ 　 루이는 천사 같은 역할을 모두 여동생에게 맡기고, 자기는 못되고 불쾌한 역할만 맡아. 그 결과, 여동생은 더더욱 천사 같은 사람이 되고, 루이는 점점 더 불행한 사람이 되고 있어.

그래서 나는 루이에게 다음의 두 단계를 따라서 행동해 보라고 제안했어.

➡ 　 매일 저녁, 종이 한 장을 꺼내서 아무도 모르게 분노의 편지를 쓰는 거야. 여동생부터 가족들까지, 여동생을 사랑하는 모든 사람에게 보낸다고 생각하고 써야 해. 꼭 이름도 밝히고 루이의 기분도 빠짐없이 감추지 말고 적는 게 중요해. 다른 사람의 태도에서 화가 났던 모든 점을 꺼내 쓰는 거지.

매일 이렇게 편지를 쓰되, 편지를 다시 읽어서는 안 돼. 계속 편지를 쓰다 보면 화가 언제쯤 조금 사그라드는지 루이 스스로 느끼게 될 거야. 그런데 루이가 스스로에게 편지를 쓰고 싶어질 수도 있어. 루이가 자신에게 화가 날 때도 많다고 나는 느꼈거든. 편지를 다 쓰고 나면, 누구도 발견할 수 없도록 몰래 편지를 태우는 거야.

2 　다른 사람 몰래 분노의 편지를 불태우고 나면 '천사 루이 주간'을 시작해 보자고 했어. 일주일 동안 루이가 천사처럼 행동하는 거지. 그러면 아가트도 루이가 겪었던 시련이 무엇인지 알 수 있을 거야. 중요한 건 '천사 루이 주간' 동안 루이의 마음이 편안한지, 아니면 애를 너무 많이 써야 하는지를 잘 관찰해 봐야겠지.

　보름 뒤, 루이는 천사가 되었어. 분노의 편지를 열 편쯤 쓴 뒤의 일이었지. 그중에 세 통은 루이 스스로에게 쓴 편지였어. 루이는 정확히 이틀 동안 천사처럼 지냈어. 우리가 함께 만들어 본 천사 같은 행동 방침은 열 가지 정도였는데, 루이가 방침을 실천하자 이런 일이 벌어졌어.

▶ 　루이가 천사 같은 미소를 지으며 아가트에게 사탕을 준다. 그러자 아가트는 루이에게 오늘 기분이 좋냐고 묻는다.

▶ 　루이는 어머니에게 "있죠, 제 친구들 어머니들을 볼 때면 정말 제게 행운이 가득하다고 느껴져요"라고 말한다. 그러자 칭찬에 익숙하지 않은 루이의 어머니는 루이가 아픈 줄 알고 루이의 이마를 짚는다. 루이는 흐뭇하게 웃는다.

▶ 　루이는 아가트에게 "너는 점점 더 예뻐지네"라고 말한다. 아가트는 루이에게 돈이 필요하냐고 묻는다. 루이는 돈을 사양하며, 천사가 하늘을 바라보듯 고개를 든다.

➡️ 　　루이는 아가트가 움직이거나 엄마가 시키기 전에 먼저 식기세척기 속 그릇을 정리한다.

➡️ 　　루이는 아가트보다 먼저 엄마의 장바구니를 들고 "이건 제가 들게요"라고 말한다. 아가트는 이 행동을 보고 아무 말도 하지 않는다. 루이의 행동에 익숙해진 모습이다.

　마지막으로 만난 루이는 이렇게 말했어.

"우아, 정말 피곤하네요. 그렇지만 뿌듯해요. 계획한 대로 할 수 있었거든요. 혹시 다시 너무 힘들어지면 이 천사 요법을 또 써먹어 볼 거예요. 있죠, 천사 역할을 하는 이틀 동안은 엄마에게 다시 응석을 부렸어요. 그게 정말 좋았거든요."

네가 직접 해볼 차례야!

▶ 분노나 환멸에서 벗어나고 싶어서 글을 써 본 적이 있니? 그 방법이 효과가 있었어?

▶ 네가 루이 입장이었다면 어떻게 했을 것 같아?

"까미유는 이제
저를 싫어해요."

열한 번째 이야기

저는 까미유의 가장 친한 친구예요. 제게도 까미유는 그런 친구였고요. 유치원에 입학할 때부터 서로 알게 되었고, 지금까지 모든 걸 함께 했어요. 여름 방학이 되어 까미유를 볼 수 없을 때면 배도 아팠다니까요. 까미유도 저처럼 아무리 못해도 사흘 동안은 배앓이를 했어요. 우린 일주일에 최소 두 번은 편지를 주고받았어요. 옷이나 장난감 등 모든 물건을 나눠서 썼죠.

  저희에게 비밀은 없었어요. 까미유는 제게 부모님이 이혼한 이야기나, 양어머니가 얼마나 마녀 같은지 고백했고, 저도 부모님이 서로 고래고래 소리를 지르며 싸운 일이나, 오빠의 괴롭힘 등 각자의 비밀을 서로 나누었어요. 우리는 생각도 비슷하게 한 터라 자매처럼 지냈고, 평생 함께 지내고 싶어서 피도 섞었다니까요. 초등학교 4학년 때 마술 주문을 외면 평생 함께 지낼 수 있다는 말을 듣고는 그랬었죠. 만약 누군가 제게 공격한다면 까미유는 그 사람을 깨물었을 거예요. 반대로 까미유가 당한다면 저는 그 사람의 목을 조를 테죠. 우리가 이렇게 각별한 탓에 엄마들까지도 걱정했어요. 이런 이야기까지 했다니까요.

"아무리 그래도 둘이 너무 붙어 다니는 것 같네요."

저는 이렇게 함께하는 시간이 참 좋았어요. 6학년이 되기 전까지는요. 그때 생각을 떠올리기만 해도 눈물이 나요. 우리는 함께 교장 선생님을 찾아가 같은 반으로 배정해달라고 했어요. 그리고 같은 반이 되었죠. 학교에 가서 우리 이름이 같은 목록에 올라와 있다는 얘기를 듣자 너무나 기뻤어요. 그렇지만 그 목록에는 잔느도 있었어요. 저는 잔느를 좋아하지 않아요. 잔느는 까미유나 저하고는 다르거든요. 더군다나 잔느는 엄청 예쁘고, 부모님이 집도 여러 채나 가지고 있어요. 잔느는 '만성절'★ 방학 무렵에 같이 놀자고 까미유를 초대했어요. 저는 까미유에게 얘기했죠.

"네가 방학 동안 잔느와 함께 놀러 간다니 마음이 아파. 일주일 동안 떨어져 지내는 것만 해도 슬퍼. 게다가 네가 나 말고

★ 만성절
모든 성인을 기리는 카톨릭 전통 축일로, 11월 1일이다. 프랑스에서는 이를 중요한 명절로 여겨 모든 학교에서 2주 동안 방학을 한다.

잔느하고만 엄청 많은 걸 함께하고 놀 거 아냐.”

까미유는 저를 끌어안으며 말했어요.

“그래도 걱정할 거 없어, ‘쉬쉬’*야. 잔느는 그냥 평범한 친구인걸. 너는 내 인생에서 제일 친한 친구잖아. 그런데 솔직히 네가 잔느에게 상냥했더라면 잔느가 너를 초대했을 거야. 잔느가 ‘내 앞에서 싫은 표정만 짓는 사람은 초대하기 싫어’라고 말했다니까.”

그러면 제가 잔느 앞에서 싫은 표정을 짓는 것 말고 무엇을 더 할 수 있겠어요? 재산을 잔뜩 상속받을 어느 집 외동딸이 저와 제일 친한 친구를 쉽게 뺏고 있잖아요. 그것도 견디기 힘든데 ‘세상에서 가장 행복한 사람’ 같은 표정을 하라고요? 저도 그럴 수 있었다면 했겠지만, 어려웠어요. 게다가 방학이 끝나니 까미유와 잔느는 둘만 아는 추억도 잔뜩 쌓았는걸요? 잔느는 한술 더 떠서 까미유에게 귓속말하며 바보처럼 키득거렸죠. 저는 그럴 때마다 심장을 주먹으로 맞는 듯 죽고 싶었어요. 그래서 어느 날 저녁, 까미유에게 이렇게 얘기했어요.

“내 말 좀 들어 봐. 계속 이렇게 지낼 수는 없어. 잔느와 나, 둘 중 누가 먼저인지 확실히 해.”

★ 쉬쉬
까미유가 쉬잔느를 친근하게 부르는 애칭이다.

저는 까미유가 이렇게 대답할 줄 알았어요.

'미안해, 쉬쉬야. 네가 그렇게까지 힘든 줄 몰랐어. 당연히 나한테는 너뿐이지.'

그렇지만 실제로 까미유가 한 말은 이랬어요.

"나한테 계속 선택하라고 하지 마, 쉬쉬. 나는 두 사람 모두 서로 다른 이유로 좋아해. 그런데 너는 너무 소유욕이 강해. 나는 네 것이 아니야. 잘 알아들었어?"

그 말을 듣고 우리의 관계가 끝났다는 사실을 그 무엇보다도 잘 알 수 있었어요. 이제 두 번 다시 예전처럼은 돌아갈 수가 없다고요. 그래서 저는 자리를 뜨며 뛰쳐나갔어요. 몸을 일으킬 수 없어서 일주일 동안 침대에 누워 있었어요. 진짜로요. 정말로 일어날 수가 없었어요.

그러다 보름 전부터 다시 학교에 나가기 시작했어요. 까미유나 잔느하고는 더 이상 어울리지 않아요. 그렇지만 아무것도 아닌 일에도 눈물이 나와요. 마음을 다잡으려고 정말로 애를 쓰고 또 쓰는데 뜻대로 안 돼요. 눈물이 흘러내려서 주체할 수가 없어요. 이제는 정말로 눈물이 좀 멎었으면 좋겠어요. 진짜로 괴롭거든요. 그리고 혹시라도 이런 모습을 걔들이 본다면 저는 정말로 멍청이 취급을 당할 거예요. 정말 끔찍한 기분이에요.

➡️ 네 생각을 들려줘!

▶ 쉬잔느가 까미유에게 느꼈던 감정처럼 너도 강렬한 감정을 느낀 적이 있니?

▶ 쉬잔느가 이렇게 슬퍼하는 게 당연하다고 생각하니, 아니면 지나치다고 생각하니?

▶ 쉬잔느가 울지 않으려고 노력해야 할까?

▶ 전략적인 도식을 만들어 보자. 쉬잔느가 눈물을 달래려면 어떤 조언이 필요할까?

괴롭힘, 어떻게 끝낼 수 있을까?

쉬잔느는 친구 사이에서 일어난 실연의 아픔을 겪고 있어. 이런 얘기는 들어 본 적이 없을 거야. 어른들은 연인 사이에서 일어나는 실연 얘기를 더 많이 하니까. 그렇지만 친구 사이에서 벌어지는 실연도 아주 힘들어. 쉬잔느의 경우만 봐도 고유한 관계가 끝나고, 자신의 어린 시절 추억을 급하게 정리해야만 했어. 보통 관계를 정리할 때는 쉬잔느가 겪은 일보다 더 많은 시간이 필요하거든. 그러니 쉬잔느가 많이 우는 건 아주 자연스러운 반응이야. 쉬잔느가 울지 않았다면 오히려 이상했을 거야.

슬픔은 분노나 두려움과 비슷해. 슬픔이라는 감정을 통제하고 부정하려 할수록 슬픔은 더욱 불어나거든. 마치 멈출 줄 모르는 쓰나미처럼 커지지. 쉬잔느가 지금 겪고 있는 상황도 정확히 그런 거야. 슬픔을 통제하고 눈물을 줄이려는 시도들이 오히려 슬픔과 눈물을 키우고 있어.

먼저, 나는 쉬잔느가 까미유의 하나뿐인 절친한 친구로 남기 위해 싸우길 포기한 것이 아주 용감하고 현명하다는 점을 분명하게 말했어. 그렇게 했다가는 상처만 입었을 테니까. 그렇지만 쉬잔느는 자신의 괴로움을 조금 더 다정하게 대해야 해. 당연하고 쓸모 있는 괴로움이기 때문이야. 그래서 나는 쉬잔느에게 이런 조언을 했어. 아주 힘든 활동인데, 바로 '추억의 박물관'이라는 거야. 나는 쉬잔느에게 '추억의 박물관'은 이런 거라고 알려 주었어.

"네 친구 관계에서 가장 좋았던 모습 다섯 가지를 골라 보는 거야. 그런 다음, 집에서 제일 안전하다고 느끼는 장소에 편안하게 자리를 잡아. 원자폭탄이 떨어진다든가 하는 경우 말고는 그 어떤 이유로도 너를 방해하면 안 된다고 다른 가족들에게 말하는 거야. 그리고 30분짜리 알람을 맞춘 뒤에 네가 고른 모습들을 30분 동안 박물관의 유물을 관람하듯 찬찬히 뜯어봐. 눈물도 참지 말고 마구 흘려. 이 순간들은 더 이상 만날 수 없는 순간들이잖아. 그러니 눈물이 흐르는 것도 당연해.

여기서 차이점은 네가 원하는 순간에 눈물이 나오게끔 네가 시킨다는 점이야. 마치 피뢰침이 벼락을 이끌듯이 말이지. 피뢰침은 집이 파괴되지 않을 만한 곳으로 벼락을 불러오니까. 이런 연습을 약 15일 정도 해 봐야 해."

쉬잔느는 내게 이렇게 대답했어.

"그렇지만 그렇게 하면 눈물 속에 빠져서 다시는 일어설 수 없을 것만 같아요."

"정반대야, 쉬잔느. 네가 눈물을 참으려고 들면, 눈물은 결국 강력해져서 너를 무너뜨리고 말 거야. 네가 눈물을 맞이해 주거나, 눈물이 네 발목을 붙잡거나, 둘 중 하나뿐이야."

그 뒤로 쉬잔느는 덜 울게 되었어. 그렇지만 친구 사이에서 일어난 실연의 아픔은 쉬잔느의 마음속에 계속 남아 있을 거야.

네가
직접 해볼
차례야!

▶ 쉬잔느가 자기하고만 친한 한 명의 친구 말고 두 명의 친구와 어울리는 방법을 고르지 않은 이유는 무엇일까?

▶ 네가 쉬잔느의 입장이었다면 어떻게 했을 것 같아?

"제가 여자인지,
남자인지,
계속 물어봐요."

열두 번째 이야기

저는 여자애들 같은 게 싫어요. 제가 좋아하는 건 이런 것들이에요. 짧은 머리, 청바지, 라운드넥 티셔츠에 컨버스 운동화, 아니면 어쩌다 한 번 신는 부츠를 좋아해요. 그리고 이런 스타일이 제겐 아무렇지 않은데 많은 사람이 제 스타일을 보고는 신경질을 내요. 솔직히 얘기하자면 하루에 아무리 못해도 두세 번은 사람들, 특히 남자아이들이 학교나 길거리에서 제게 '너는 여자아이야, 남자아이야?'라거나 '너 진짜 선머슴 같은 여자애구나!' 같은 말을 떠들어대요. 더 별로인 건 이런 말들이에요.

'너 가슴에다 붕대도 두르고 다니지? 진짜 안 됐다.'

그러고는 아주 고상한 척하는 웃음소리가 이어지죠. 할머니는 말할 것도 없어요. 할머니는 툭하면 이렇게 얘기하거든요.

"네가 여자아이답게 하고 다니지 않다니 너무 아까운 일이야. 정말 예쁘게 생겼는데 말이다."

이런 건 제가 제일 싫어하는 말이에요. 그렇지만 뭐, 좋으나 싫으나 저희 할머니고, 또 할머니는 옛날 사람이니까요. 저는 그냥 이렇게 대답하죠.

"고마워요, 할머니."

길거리에서 이런 말을 들을 때면 못 들은 척해요. 그렇지만 학교에서는 정말 힘들어요. 저를 가만두지 않는 애가 하나 있거든요. 딜런이라는 남자아이인데, 저처럼 5학년이에요. 그 애는 쉬는 시간에 저를 볼 때마다 후다닥 제게로 달려와서는 이렇게 외쳐요.

"너는 여자아이야, 아니면 남자아이야? 너는 여자아이야, 아니면 남자아이야? 너는 여자아이야, 아니면 남자아이야?"

그렇게 말하며 제 옆에서 펄쩍펄쩍 뛰어요. 그러면 다들 웃음을 터뜨리죠. 저는 이렇게 얘기해요.

"날 가만 좀 놔둬, 멍청이 같으니."

그렇지만 딜런은 멈추질 않아요. 내 친구 쥐스틴은 늘 딜런을 다그치죠.

"아니, 그냥 좀 놔둬. 얘가 너한테 어떻게 한 것도 아니잖아. 너는 대체 뭐가 문제인데?"

그 말에 딜런은 이렇게 얘기하죠.

"나한테는 아무런 문제 없어. 그냥 궁금한 거야. 그래서 여자아이냐고, 남자아이냐고? 아무튼 알아야 하는 거잖아, 안 그래?"

지난주에는 딜런이 온 학교에 다 퍼지도록 이렇게 얘기했어요.

"내기하자. 너희가 보기에는 여자아이야, 남자아이야?"

그러고는 제 귀에 대고 속삭였죠.

"어서, 힌트 좀 줘!"

그리고선 제 티셔츠를 끌어올리려고 했어요. 저는 뛰어서 도망쳤어요. 달리고 있는데 애들이 웃는 소리가 들렸어요. 이런 생각이 들었죠. '쟤는 나를 절대로 편히 놔두지 않을 거야. 그런데 대체 내가 무슨 짓을 했다고 나를 못 잡아먹어 안달인 거야?'

쥐스틴도 저와 생각이 같아요. 설령 제가 치마를 입고 학교에 가더라도 오히려 역효과가 날 거예요. 그건 확실해요. 저더러 여장 남자라고 할 게 분명하거든요. 이런 말을 학생부에다 하면 선생님들은 분명 별일도 아니라고 얘기할 거예요. 선생님들이 딜런에게 그만하라고 하겠지만, 딜런은 이렇게 대꾸하겠죠.

'문제 될 것 없잖아요. 욕 같은 건 하나도 안 했다고요. 그냥 여자아이인지, 남자아이인지 물어본 거라니까요.'

그리고 제 생각에는 선생님들도 딜런 말에 동의할 것 같아요. 제 바람은 딜런이 저를 조금 내버려 두면 좋겠다는 거예요. 하지만 딜런은 또 까불 테고, 그러면 모두 웃으면서 저를 쳐다볼 거예요. 그런 불편한 생각과 마음으로 학교에 갈 때마다 기운이 쭉 빠져요.

➤ 네 생각을 들려줘!

▶ 어떤 사람이 누군가를 놀리면서 다른 사람들을 웃기는 모습을 본 적이 있니? 네가 보기에 사람들 대부분이 그렇게 웃는 이유가 무엇인 것 같아?

▶ 살로메가 네게 "대체 내가 무슨 짓을 했다고 나를 못 잡아먹어 안달인 거야?"라는 질문을 던졌다면, 너는 어떻게 대답했을까?

▶ 살로메가 치마를 입고 학교에 간다고 하더라도 문제가 해결되지 않는다고 본 살로메와 쥐스틴의 생각은 일리가 있을까?

▶ 딜런이 하는 말에 진짜 욕이 있는 건 아니지. 너는 그래도 딜런의 말이 괴롭힘이라고 생각해?

▶ 쥐스틴이 살로메를 옹호할 때 딜런을 멈추게 하기에는 역부족이었던 이유는 무엇일까?

괴롭힘, 어떻게 끝낼 수 있을까?

앞서 소개했던 다른 상황과 비교한다면, 이 경우에는 욕설이 극명하게 드러나지 않는 편이어도 아주 폭력적인 상황이야. 살로메가 스스로 결정할 권리 자체를 타인이 부정하고 있어. 바로 그런 점이 힘든 부분이야. 게다가 매일 일어나는 일이니 살로메는 더욱 고단할 거야. 설령 사람들의 말이 나쁜 의도가 아니라고 해도 살로메를 비난하는 건 사실이잖아. 마치 사방팔방에서 살로메를 향해 주먹을 날리는 셈이야. 그렇지만 살로메를 가장 고통스럽게 하는 건 바로 딜런이라는 어린 괴짜야. 살로메는 내게 이렇게 물었어.

"걔는 대체 왜 계속 그러는 걸까요? 왜 저를 못 잡아먹어서 안달일까요?"

나는 살로메에게 대답해 주었지.

"글쎄, 그야 계속 괴롭히더라도 아무런 부정적인 결과가 생겨나지 않으니까 그런 거겠지. 쥐스틴이 애매하게 '가만히 내버려둬'라고 하고, 또 네가 힘없이 '나를 좀 가만히 둬'라고 하는 말 빼고는 별다른 게 없으니까. 너를 이용해서 학교에 있는 애들 모두를 다 웃기는 영악한 짓을 해서 얻는 노골적인 즐거움과 비교한다면, 딜런이 감당하는 불쾌함은 아주 사소해. 그렇다면 이 구경거리의 클라이맥스 부분을 바꿔놓아야 하지."

우리는 살로메와 함께 이런 공격 계획을 세웠어.

"이제부터 내가 제안하는 방법을 네 친구들에게 전부 다 알려야 돼. 그리고 네가 화살을 쏠 때 최대한 많은 친구와 함께 있어야 해. 딜런이 네 옆에서 펄쩍펄쩍 뛰면서 소리를 지르며 질문을 던지면, 그 애의 눈을 똑바로 쳐다보면서 이렇게 내뱉는 거야.

'응, 나는 남자애야. 확인해 볼래?'"

살로메는 겁에 질려서 대답했어.

"걔가 확인해 보겠다고 그러면 어떡해요?"

"뭐, 그러면 '확인하고 싶으면 200유로야. 나한테 200유로 내. 그러면 볼 수 있게 해 줄게.' 같은 말을 해 보는 거야. 그렇게 말하면 걔가 어떻게 할 것 같니?"

"엄청 바보처럼 굴 것 같아요. 그리고 걔가 저를 따라다니지는 않을 것 같아요. 저를 따라다녔다가는 망신을 당할 테니까요. 만약 제게 200유로를 주면, 이렇게 얘기하면 되죠. '있지, 생각을 좀 해봤는데, 500유로는 받아야겠어. 솔직히 네가 직접 보면 진짜 깜짝 놀랄 거거든.'"

상황은 예측한 대로 흘러가지 않았어. 오히려 훨씬 더 재밌는 방향으로 흘러갔지. 살로메가 자기는 남자아이라고 얘기하면서 만져 보고 싶냐고 딜런에게 묻자, 딜런은 완전히 당황하면서 이렇게 더듬었어.

"상관없어, 너는 어차피 여자아이니까."

그 말에 살로메는 영리하게도 이렇게 대꾸했지.

"뭐, 원한다면 언제든 확인해 봐."

그리고 모두 불쌍한 딜런에게 박수를 보냈어. 딜런은 당분간 사람들 눈에 안 띄려고 할 거야.

네가
직접 해볼
차례야!

▶ 네가 살로메의 입장이었다면 어떻게 대응했을까?

▶ 너라면 살로메처럼 할머니에게 '고맙습니다'라고 대답했을까? 아니면 이런 말을 더는 듣지 않게 할 만한 다른 아이디어가 있을까?

열세 번째 이야기

제가 가지고 있는 증후군 때문에 저는 다른 사람들하고 완전히 똑같이 행동하지를 못해요. 수업이나 운동, 영화는 전부 이해할 수 있어요. 다만 사람하고 지낼 때 행동하는 방법을 모른다는 거죠. 사람들이 실제로 어떻게 생각하며 지내는지도 확실히 몰라요. 착하지 않은데 착한 척하는 못된 사람인지조차 구분할 수 없죠. 규칙 자체를 모르겠어요.

제 말이 무슨 말인지 자세히 알려 줄게요. 저는 교실에 들어가면 선생님에게 인사를 해요. 교실에서 선생님을 보면 인사를 해야 한다는 사실을 알고 있으니까요. 더군다나 이 선생님은 정말로 좋은 선생님이기도 하거든요. 그렇지만 언젠가 한 번은 마트에서 선생님을 본 적이 있었어요. 그때 저는 아빠랑 같이 있었는데, 선생님이 저한테 인사를 했어요. 저는 그냥 가

던 길을 계속 갔죠. 이런 상황에도 선생님께 인사해야 하는지 확신이 없었거든요. 선생님이 지나가고 나서야 혹시라도 예의에 어긋난 건 아닌지 걱정했어요. 그러니까 아빠의 표현을 빌려 말하자면, 제 머릿속에 핸들이 고장 날 때가 많다는 거예요.

그렇지만 이런 일은 저처럼 아스퍼거 증후군이 있는 제 친구들 사이에서는 일어나지 않는 일이에요. 저와 비슷한 친구들하고는 잘 지내거든요. 서로를 쉽게 이해하니까요. 문제가 되는 건 신경전형인(아스퍼거 증후군이 없는 사람)들이 있는 학교에서 벌어지는 일이에요. 사람들은 저를 조금 이상한 사람이라고 취급하죠. 이를테면 저는 반복하는 걸 좋아하고, 늦는 걸 그 무엇보다도 싫어하고, 변화가 생기면 감당하기를 아주 힘들어 해요. 그리고 아빠와 얘기하기 전까지는 좋아하는 애가 있으면 좋아한다고 곧바로 말하기만 해도 충분하다고 생각했어요. 게다가 저는 무리에 속해서 지내는 걸 싫어하고, 전화는 더더욱 싫어해요. 제게 전화는 거의 악마나 다름없거든요. 전화를 귀에 대는 것만으로도 배가 아프고 다리가 배배 꼬여요. 그러다 보니 제가 의도하지 않았는데도 꽤 많은 사람이 저를 보고는 웃어요. 정말이지 어떤 행동을 하거나, 하면 안 되는지에 대한 기준을 모르겠어요. 그래서 저는 절대 다른 사람들처럼 행동할 수는 없겠다고 생각해요.

저는 혼자 지내요. 대단한 일은 아니지만요. 혼자 있는 걸 조금 좋아하거든요. 솔직히 말하자면 유치원 때부터 혼자서 지내는 데에 익숙했어요. 그런데 아스퍼거 증후군 모임을 알게 된 이후부터 아빠는 제가 친구를 사귈 수 있다며 안심했어요.

아참, 중요한 얘기를 깜박했네요. 저는 걸음걸이가 조금 이상해요. 불규칙하게 움직이곤 하죠. 다른 사람들이 제 걸음걸이를 놀리면 놀릴수록 점점 더 이상하게 걷게 돼요. 발걸음을 조절하려고 노력해 봤는데, 도저히 마음대로 안 돼요. 걷는 것 때문에 요즘 정말 많은 신경을 쓰고 있어요. 반에서 가장 웃긴 아이들 무리가 쉬는 시간마다 제 행동을 따라 하거든요. 그 애들이 안 보이면 상관없겠지만, 피할 방법이 없어요. 열 명쯤 되는 녀석들이 쉬는 시간마다 '작은 로봇 노노'라는 노래를 불러요. 로봇 흉내를 내며 제 주변을 맴돌고 춤추죠. 그런 모습을 보면 정말 스트레스를 받아요. 마비된 것처럼 움직일 수가 없어요. 그래도 어떻게든 달아날 틈을 찾아요. 다행히 매번 도망가긴 하지만, 제가 뛰는 모습이 꼭 분해된 꼭두각시 같다는 것도 알아요. 그 모습을 생각하면 정말 고통스러워요. 어떨 때는 무리에서 몇 명이 저를 흉내 내며 화장실까지 쫓아오기도 해요. 하루에 쉬는 시간이 네 번 있는데요. 제가 계산해 보니 1년에 720번까지 춤출 수 있더라고요. 만약 그들이 계속 놀이를 이어간다면 내일부터 올해 말까지 총 324번이나 쉬는 시간이 남아 있어요.

이미 학생부에도 말은 다 했죠. 그런데 학생부에서 이 일로 학생들과 말다툼을 하니, 나중에 아이들이 저를 바보 취급하는 것도 모자라서 고자질쟁이라고도 놀려요. 이제는 제가 학교를 얼른 그만두는 게 맞는 것 같아요.

아스퍼거 증후군 모임에도 이런 얘기를 해봤어요. 우리는 종종 각자의 고민을 듣고 해결할 방법을 찾곤 하거든요. 그런데 제 문제는 해결할 방법을 아무리 고민해도 답이 없었어요. 지금 생각으로는 그냥 제가 어딘가에 숨어 지내는 게 나을지도 몰라요.

네 생각을 들려줘!

▶ 네가 위고의 입장이었다면 어떻게 대응했을까?

▶ 네가 보기에도 위고의 생각처럼 눈에 띄지 않게 지내면 해결될 것 같아?

▶ 네가 위고의 친구였다면, 놀리는 아이들이 그만둘 수 있게끔 어떤 조언을 할 수 있을까?

괴롭힘, 어떻게 끝낼 수 있을까?

나는 위고가 얘기한 이 '웃기는 아이들 무리' 때문에 정말 화가 났어. 그래서 그 아이들을 확실하게 몰아내려면 정말로 남다른 방법이 필요하겠다고 생각했지. 위고는 이 무리를 피하려고 자신의 아스퍼거 증후군을 최대한 감추었잖아. 무리가 아스퍼거 증후군을 가지고 놀리는 행동을 멈추게 하려고 말이야. 그래서 위고는 행동을 조절하고, 유행을 파악하고, 눈에 띄지 않으려고 했지만 효과는 없었어. 위고도 이유를 알고 있잖아. 위고 자신을 통제하는 모든 행동이 위고에게 스트레스였고, 오히려 남들과 다른 위고의 차이점을 부각하기 때문이야. 이런 건 남들을 웃기고자 하는 아이들에게 좋은 먹잇감이지. 나는 위고에게 이렇게 얘기했어.

"간혹 로봇 춤을 추는 아이들에게도 심각한 병이 없는지 궁금할 거야. 그런데 위고야, 네가 학교에서 신경전형인들과 지낼 때 네가 다르다는 걸 최대한 감추는 건 아무런 도움이 안 돼. 감추려고 하는 것만으로도 눈에 훨씬 더 띄게 되거든. 더 최악인 건, 너의 모습을 감추기에 실패할수록 로봇 춤을 추는 아이들이 네 약점을 정확히 건드렸다는 걸 오히려 알려주는 꼴이야. 그 아이들이 춤을 추기만 하면 도망가는 너의 행동이 약점의 증거라고 할 수 있지. 이런 행동은 네가 그 아이들을 도와주는 것과 다른 게 없어. 덕분에 그 아이들은 너를 어떻게 쥐락펴락하면 되는지를 정확하게 아는 거야. 그러니까 정리하자면 이런 거지.

너를 놀리는 아이들이 다가오면 스트레스를 받는 네 몸짓은 더 이상해져. 그 무리의 입장에서는 절호의 기회야! 그러다 그들이 네 주변에서 너를 흉내 내고 춤을 춰. 너는 스스로 통제하려고 하지만 그러지 못해. 그들은 그것을 바라는 거야. 게다가 너는 그들이 보기에 정말 이상한 모습으로 도망가게 돼. 마지막 구경거리가 되는 셈이야. 내가 보기에 그들에게 가장 재미있는 순간은 바로 네가 도망가는 순간이지.

한 마디로 매일 같은 시나리오다 보니, 그 아이들에게 너를 놀리는 일은 식은 죽 먹기야. 너만 괜찮으면, 우리는 이 구경거리를 조금 바꿔볼 거야. 그러려면 스스로 이상하게 보이는 행동을 해야만 해. 내가 추천하는 방법은 이런 거야.

  소형 스피커를 가져가서, 그 스피커를 휴대폰과 연결

해. 그리고 네가 거의 다 외워버린 '작은 로봇 노노' 노래를 트는 거야. 그런 다음, 이 음악에 맞춰서 로봇처럼 춤추는 연습을 해.

▶ **2** 만약 그 아이들이 다시 노래를 부르면서 찾아오면, 음악을 틀고 락스타라도 된 것처럼 춤을 춰. 최신 유행하는 노래이기라도 한 것처럼 노래도 불러."

위고는 그 장면을 그려 보기라도 하는 것처럼 잠시 생각에 잠겼어. 그러고는 이렇게 얘기했어.

"네, 알겠어요. 혹시 그 애들이 물러나지 않더라도 저는 멈추지 않을 거예요. 저도 춤을 출 거니까요. 그 아이들이 놀리면 저는 더 과장해서 춤을 출게요. 만약 그들이 자리를 뜨고 혼자 춤을 추게 되더라도 제가 이기게 되는 거네요! 사실 이렇게 당당해질수록 어떻게 하든 제가 이기는 거지만요."

"맞아. 정확해."

위고의 아버지는 위고가 리듬에 맞춰 춤을 출 수 있도록 같이 연습을 많이 했다고 알려 주었어. 그리고 안무를 완벽히 익힌 위고는 얼른 싸우고 싶어서 참을 수 없을 지경이었지. 결전의 날이 되자, 로봇 춤을 추는 아이들이 위고에게 다가갔어. 그리고 그들은 위고가 외투 주머니에 한쪽 손을 집어넣은 채 미소를 짓고 있는 모습을 보고는 깜짝 놀랐어. 그 아이들은 조금 더 위고에게 다가갔지. 위고는 함박웃음을 지으며 음악을 틀었어. 이에 아이들은 금세 자리를 떴어. 위고는 연습한 춤을 출 수 없었다며 화를 가라앉히지 못했어. 그렇지만 로봇 춤을 추는 아이들은 위고를 놀리지 않게 되었지.

▶ 위고를 위한 또 다른 전략
을 찾아 보자. 내가 한 가지
아이디어를 제안할게. 예를
들면 반 전체 앞에서 아스
퍼거 증후군이 무엇인지 발
표해 보는 거야. 네 생각은
어때?

"소셜 미디어에
퍼진 헛소문 때문에
괴로워요."

**밥티스트
14세**

열네 번째 이야기

여섯 달 전에 글라디스랑 사귀기 시작했을 때는 엄청 자랑스러
웠어요. 글라디스가 정말 순수한 아이라고 생각했거든요. 솔
직히 말해서 그때는 글라디스에게 좋은 점이 많다고 생각했어
요. 예쁘고, 똑똑하고, 재미있다고 생각했죠. 게다가 글라디스
주변에는 같이 어울리고 싶어서 안달인 사람들이 많았어요. 그
런데 몇 주를 같이 지내다 보니, 조금 답답하다고 느껴졌어요.
돌이켜 보면 정확한 판단이었지만, 글라디스가 다른 사람에
게 친절하지 않은 것 같았거든요. 글라디스 주변에 사람이 많
이 보이는 것도 글라디스가 주변에 나쁜 이야기를 퍼뜨리거나,
소셜 미디어에 악담을 올릴까 봐 두려워서 그랬던 거였어요.
그래서 모두 글라디스에게 잘 보이려고 한 거였죠. 저는 시간
이 지나서 이 사실을 겨우 알게 됐어요. 글라디스가 다른 사람

을 뻔뻔하게 이용하는 모습이 제가 보기에는 너무 별로였어요. 그래서 글라디스에게 이야기하니 이런 말을 들었어요.

"너는 너무 옛날 사람처럼 굴어. 시대의 흐름에 맞춰야지."

글라디스는 소셜 미디어에다 저희 둘 사진을 쉼 없이 올렸어요. 가끔은 너무 닭살 돋는 메시지를 보내서 조금 불편하기도 했어요. 그렇지만 저는 이렇게 생각했어요. '옛날 사람처럼 굴지 말자'고 말이에요. 글라디스가 그렇게 얘기하면서 저를 나무랄 때가 많았죠.

글라디스는 제 스타일이 좋지 않다며 제 옷장을 갈아엎기도 했어요. 제가 그런 일로 짜증을 내면, 글라디스는 저를 따분한 범생이 취급을 했죠. 그리고 글라디스는 저를 자기 친구들 무리에 끌어들였어요. 그러다 보니 한참 동안은 제 친구들하고 조금 소원하게 지냈어요. 글라디스는 제 친구들을 찐따라고 생각하거든요.

글라디스와 만났던 시기는 돌이켜 생각해 봤을 때 너무나 이상했어요. 글라디스가 저를 선택했다는 사실이 자랑스러웠지만, 한편으로는 불행했어요. 무엇을 어떻게 받아들여야 할지 잘 몰랐어요. 글라디스랑 사귀고 3개월이 지났을 때, 한 친구가 저한테 이렇게 얘기했어요.

"야, 이러니까 내가 무슨 낡아빠진 드라마에 나오는 사람 같은 기분이 드는데, 아무튼 네 여자 친구 때문에 네가 정말로 바뀐 것 같아. 미안하지만 좋은 쪽으로 바뀐 건 아니야."

　저도 마음 깊은 곳에서는 그 친구와 똑같은 생각을 했어요. 그래서 그 친구의 한마디는 결정적인 계기가 되었죠. 더는 이렇게 지낼 수 없고, 이런 식으로 있을 수는 없었어요. 제가 글라디스를 좋아하지 않는다고 말해야겠다고 다짐하게 되었죠. 결국 친구에게 그 말을 들었던 날 저녁에 말했어요. 말하고 나니 앞으로 벌어질 일이 쉽진 않겠다는 걸 알게 됐죠. 어떤 일이 벌어질지 상상할 수 없었어요. 특히나 저는 글라디스처럼 대비하지 않았기 때문이에요.

　글라디스와 헤어지고 나서는 소셜 미디어에 들어가지 않았어요. 어떤 일이 벌어지고 있는지 알지 못했죠. 하지만 징조는 있었어요. 기분이 나쁘게도 학교에서 저도 모르는 남자아이들이 저만 보면 웃음을 터뜨렸다는 거예요. 저와 비교적 사이좋게 지내던 여자아이들도 저를 역겨워하면서 일부러 피했죠. 정말 불쾌했던 건 글라디스와 어울리는 아이들이 모두 저를 노골적으로 피하며 혐오와 경멸이 가득한 눈길로 쳐다봤다는 점이에요. 등골이 서늘해져서는 서둘러 소셜 미디어에 접속했죠. 제 소셜 미디어 비밀번호는 쉬워요. 제 이름이거든요. 생각해 보면 비밀번호를 그렇게 설정한 게 실수였어요. 왜냐하면 글라디스가 제 비밀번호를 알아내서 제 계정에 끔찍한 내용을 업로드했기 때문이에요. 제 입에서 끔찍한 냄새가 난다고 이

글라디스 뒤쉬몰

나 밥티스트하고 깨졌어.
밥티스트의 입 냄새가 엄청났거든!

 댓글

 좋아요 57개

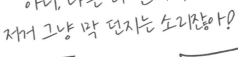
아니, 나는 다 안다니까.
저거 그냥 막 던지는 소리잖아!

런 식으로 올렸어요. 가령 제 입 냄새가 '토사물이 가득 든 쓰레기통 냄새' 같다는 식으로 말이에요. 그리고 이런 입 냄새에서 벗어나게 해 줄 만한 제품을 알고 있는지 사람들에게 묻는 내용이 업로드되어 있었죠. 처음에는 사람들이 글라디스에게 메시지를 보내서 제게 무슨 일이 있었던 거냐고 물었어요. 글라디스는 그런 메시지에 이렇게 대답했어요.

"맞아, 사실이야. 그래서 내가 밥티스트에게 헤어지자고 했어. 더 이상 못 견디겠더라고. 그러니까 너희가 밥티스트를 도와줄 수 있다면, 다음 여자 친구를 생각해서라도 망설이지 말고 도와줘. 솔직히 나는 정말 힘든 시간이었거든."

그래서 저는 온라인 청소년 보호 단체인 'e-Enfance'*에 연락해서 제 계정을 닫았어요. 다행히도 아주 빠르게 처리가 되었죠. 청소년들이 모두 이 단체를 알았으면 좋겠어요. 그렇게 한 덕분에 최소한 일이 더 커지는 건 단칼에 막았으니까요.

그렇지만 저에 관한 안 좋은 소문은 막을 수 없었어요. 이제 학교의 모든 사람이 제가 꼭 대포처럼 무시무시한 입 냄새를 내보내는 줄로만 알아요. 이런 일은 신경 쓰지 말아야 한다는

★ e-Enfance
어린이와 청소년을 온라인상의 위험에서 보호하는 단체다. 온라인 상에서 발생하는 괴롭힘이나 학교 폭력에 맞서고, 보호자들에게 무료로 학교 폭력 교육을 해 준다.

것도 잘 알고 있어요. 정말로 그냥 장난인 거니까요. 그렇지만 실제로는 정말 힘들어요. 예전에 친했던 친구들 몇 명 빼고는 사람들하고 더 이상 얘기를 할 수도 없어요. 게다가 친했던 친구들이 제게 악감정을 가지고 있다는 것도 알고 있어요. 가령 '우리를 헌신짝처럼 버린 너에게 더는 끌려다니지 않을 거야!' 같은 생각을 품고 있을 거예요. 예전 친구들이 그러는 것도 이해해요. 그래서 저는 제 계정만 닫으면 해결이 될 줄 알았어요.

불행히도 글라디스는 거기서 멈추지 않았어요. 글라디스는 며칠 전에 저를 위한 소셜 미디어 페이지를 만들었어요. 페이지 제목은 '밥티스트와 자칼* 같은 입 냄새'예요. 글라디스는 우리가 키스하고 나면 곧바로 토하러 갈 수밖에 없었다면서 더러운 헛소문을 퍼트리고 있어요. 제 곁을 지나갈 때면 파리가 잔뜩 떨어졌다고 하면서 말이에요. 글라디스는 자칼 몸에 제 머리를 합성한 사진도 만들었어요. 그 게시글에는 벌써 좋아요가 800개나 달렸어요. 그리고 또다시 모두 저를 피하고 있어요. 제가 다시 연락하고 지내기 시작했던 아이들도 제가 눈에 띄면 빠르게 거리를 둬요. 제가 신화 속 괴물이 된 것만

★ 자칼

개과 동물로, 야생 동물의 새끼를 사냥하거나 시체를 먹는다. 이러한 습성 때문에 사람들은 교활하고 약삭빠른 사람 또는 냄새가 많이 나는 사람에게 자칼이란 별명을 붙이기도 한다.

같아요. 마치 바닥을 기어다니다가 더 깊은 바닥으로 빠지는 기분을 느껴요. 어떻게 하면 바닥에서 빠져나올 수 있을까요? 어떻게 하면 글라디스를 멈출 수 있죠?

➡ 네 생각을 들려줘!

▶ 너는 이 이야기를 듣고 소셜 미디어에 관해 어떤 생각이 들었어?

▶ 네가 밥티스트의 친구였다면, 글라디스가 소셜 미디어 페이지를 닫을 수 있게 할 만한 어떤 조언을 들려주었을 것 같아?

▶ 네가 보기에, 소셜 미디어에서만 괴롭힘을 당하고 다른 상황에서는 전혀 괴롭힘을 당하지 않는다는 게 가능할까?

▶ 너는 온라인상의 괴롭힘이 현실 세계에서 괴롭히는 것과 똑같다고 생각해, 서로 다르다고 생각해?

괴롭힘, 어떻게 끝낼 수 있을까?

우선 소셜 미디어 비밀번호는 보안을 위해 복잡하게 설정해야 해. 게다가 로그인한 채 열어 두는 건 삼가야 하지. 그리고 비밀번호보다 밥티스트를 괴롭히는 글라디스의 행동이 과하다는 것에 주목해야 해. 지금 밥티스트는 24시간 내내 처형 현장에서 매를 맞는 셈이야. 자신이 알지도 못하는 사람에게도 비난을 들으니까. 이 사례는 도리앙의 사례와 비슷해. 다만 어디서 공격이 벌어지는지 정확히 알고 있고, 글라디스가 자신의 인기를 아주 중요하게 여긴다는 것도 밥티스트가 안다는 점에서 도리앙의 사례와는 차이가 있어.

이건 아주 흥미로운 단서야. 지금 글라디스의 강력한 공격에 얼어붙고 만 밥티스트는 이 상황이 그저 지나가기를 바랄 뿐이야. 글라디스의 관심이 다른 곳으로 향하길 간절히 꿈꾸고 있지. 하지만 글라디스는 이 사실도 알고 있어. 그래서 그만두는 척하다가 더 세게 공격해.

그러니 밥티스트에게 180도 황금 법칙을 적용해 보자. 괴롭힘을 오히려 즐기고 아주 흥미로워한다는 걸 글라디스에게 알리는 거지. 더군다나 '밥티스트와 자칼 같은 입 냄새'라는 알맞은 무대까지 있잖아. 글라디스에게 고마워해야 할 일이야. 글라디스는 밥티스트의 착한 성격을 지나치게 믿고 있어. 자신이 그만두길 바라면서도 아무것도 못 한다는 것을 알고 있는 거야. 그 바람에 글라디스는 밥티스트가 나를 찾아올 거라고는 꿈에도 알지 못했겠지! 그래서 나는 밥티스트와 이렇게 구상을 해봤어. '밥티스트와 자칼 같은 입 냄새' 페이지에다 이런 포스팅을 올려볼 수 있겠다고 말이야.

'여러분 안녕하세요. 이 고통스러운 상황에 응원을 보내 주셔서 감사합니다. 다른 분들이 이 끔찍한 병에 걸리지 않도록 확실히 말씀드리고자 합니다. 이 병은 살무사와 키스를 하는 실수를 저지른 사람만 걸리는 병입니다. 저는 그렇게 크나큰 실수를 1주일도 넘게 저질렀어요. 그렇지만 이제는 회복하고 있습니다. 살무사를 가만히 내버려 두시고 옆을 지나갈 때면 조심하세요!'

밥티스트가 이 포스팅을 올리자 그 소셜 미디어 페이지는 이틀 뒤에 문을 닫았어. 그러고 나서 밥티스트는 내게 이렇게 말했지.

"'살무사'라는 말이 딱히 욕은 아니잖아요. 글라디스 본인이 놀려대면서 스스로 살무사 혀를 내밀었던 걸요!"

네가
직접 해볼
차례야!

▶ 밥티스트를 위해 할 수 있
는 다른 방법을 찾아보자.
글라디스의 괴롭힘을 멈추
기 위해 밥티스트가 소셜
미디어 페이지에 올릴 수 있
는 또 다른 내용으로 무엇
이 있을까?

"저는 아무런 행동도
못 했어요."

열다섯 번째 이야기

로렌은 옆집에 사는 여자아이였어요. 살짝 유식하고 고리타분해 보이는 말을 쓰는 희한한 아이였죠. 할머니가 어린 시절에 입었을 만한 옷을 입고, 취미로 화석도 수집했어요. 로렌은 초등학교에 가서도 혼자 지낼 때가 많았어요. 그것 때문에 힘들어 보이진 않았지만요. 로렌은 고독을 즐기는 듯했어요.

　로렌의 부모님은 제가 보기에 쉰 살쯤은 되셨을 정도로 나이가 많았어요. 머리나 옷이 회색이었거든요. 예전에 로렌과 저는 단지 내 정원에서 탐험가 놀이도 함께 했어요. 그때는 재미있었어요. 로렌은 상상력이 풍부해 우리가 새로 탐험할 만한 특이한 장소를 많이 찾았거든요. 하지만 중학교에 들어서는 서로 다른 반이 되었고, 아침에 버스를 탈 때 인사만 하는 사이가 되었어요. 둘 다 표현이 많은 성격은 아니어서요.

그러다 쉬는 시간에 고개를 푹 숙이고 걸어가는 로렌을 보고는 문제가 있다는 걸 알게 되었어요. 4학년 여자아이들 무리가 하루에도 여러 번 로렌을 밀쳤죠. 그들은 로렌을 찐따라고 취급하면서 옷으로도 시비를 걸었어요. 로렌은 늘 거기서 나와 혼자 복도를 걸었어요. 땅바닥만 보면서 로봇처럼 말이에요. 가끔은 남자아이들이 길을 막아선 탓에 로렌이 부딪혀 넘어지기도 했어요. 그러면 남자아이들은 로렌에게 멍청이라 놀리며 밀쳤고요. 마음이 아팠어요.

학교에서 그런 로렌의 모습을 여러 번 봤어요. 그리고 저는 아무런 행동도 하지 않았죠. 길 한복판을 가로막는 4학년 여자아이들과 남자아이들을 보면 겁이 났어요. 혹시라도 끼어들었다가는 제가 다음 표적이 될까 봐 걱정됐어요. 괴롭힘을 당하는 아이를 지켜주어야 한다고 어른들이 얘기하는 건 잘 알고 있어요. 그렇지만, 부끄럽게도 저는 그럴 만한 용기가 없어요. 저는 로렌보다 저 자신을 먼저 챙겼어요. 변명을 늘어놓고 싶지는 않아요. 왜냐하면 이제 4학년이 되어 생각해 보니, 정말로 제가 형편없는 것 같아요. 그렇지만 그 당시에는 다른 선택지가 없었어요. 혹시라도 제가 조금 더 용기가 있었다면, 그렇게 안일하지 않았더라면, 덜 이기적이었더라면, 제 친구들에게 부탁해서 그 인기 있는 4학년 무리와 맞섰을지도 몰라요. 그렇지만 저는 아무런 행동도 하지 않았어요.

심지어 제가 버스에서 로렌을 만나도 인사를 하지 않았다는 게 정말 나빴던 것 같아요. 제가 로렌과 대화하는 걸 누가 볼까 봐 무서웠거든요. 그렇게 행동한 걸 아직도 후회해요. 이렇게 버스에서 있었던 일을 털어놓는 것도 처음이에요. 다른 사람에게는 이런 이야기를 하기가 너무 부끄러워요. 로렌은 제가 자기를 무시했을 때도 아무렇지 않은 것처럼 행동했어요. 저를 불편하게 만들지 않으려고 그랬던 것 같아요.

5월부터 로렌은 학교에 나오지 않았어요. 그리고 6월에는 결국 로렌이 이사를 갔죠. 로렌의 어머니는 자기 딸이 중학교를 너무 힘들어한다고 저희 엄마에게 설명했어요. 로렌이 중학교에서 전혀 적응하지 못한다고요. 그래서 조금 더 작은 중학교가 있는 동네로 이사를 간다고 했어요. 사람들도 조금 더 우호적이고, 교직원도 아이들을 더 많이 지켜보는 곳으로 말이에요. 그리고 안타깝게도 이런 모든 일을 겪는 바람에 로렌은 성적도 떨어졌어요. 그러니까 두 배로 괴로웠을 거예요. 우리 엄마는 로렌의 어머니에게 이렇게 얘기했어요.

"이해가 안 가네요. 로렌이 장에게 다가가 보지는 않았던 건가요?"

로렌의 어머니는 이렇게 예의 바르게 대답했어요.

"로렌은 차마 그럴 엄두가 나지 않았을 거예요."

엄마는 그냥 넘어가는 사람이 아니었어요. 엄마는 저도 이

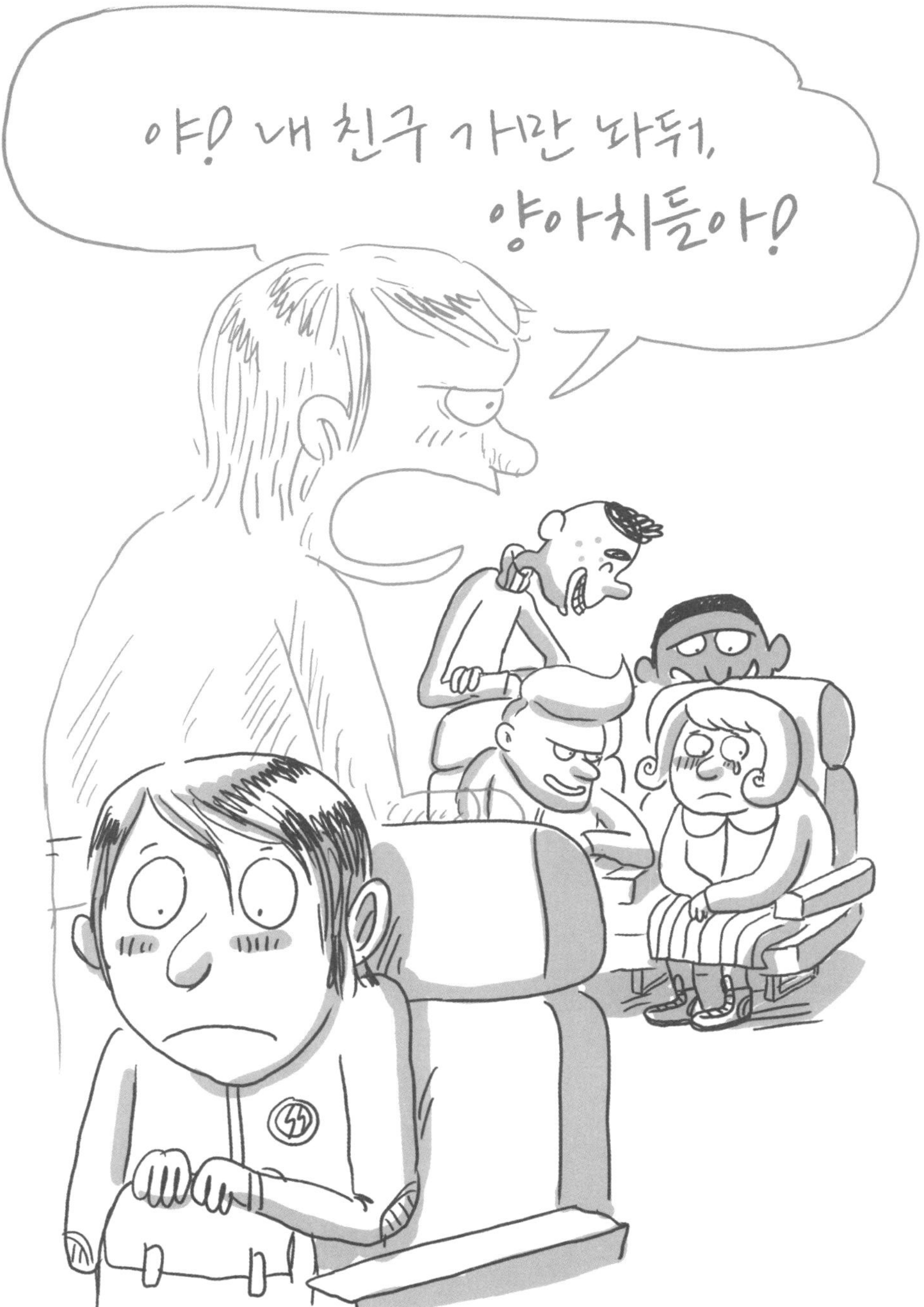
야! 내 친구 가만 놔둬, 양아치들아!

런 사실을 알고 있었는지, 제가 도움이라도 주었는지 물었어요. 저는 인사에 관한 일 빼고는 전부 말했어요. 부끄러웠죠. 엄마는 저를 그렇게 키우지 않았다고 말하며 실망했다고 했거든요. 한마디로 벌 받는 것보다 더 힘들었어요.

로렌이 이사를 간 뒤로 저는 정말 힘들었어요. 이 일 때문에 계속 괴로워요. 정말로 죄책감이 들어요. 그러면서도 한편으로는 만약에 제가 과거로 돌아간대도 과연 도움을 줄 수 있을지 확신이 안 서요. 제가 정말로 바보 같았다는 생각 때문에, 이 일을 도저히 머릿속에서 떨쳐낼 수가 없어요.

➡ 네 생각을 들려줘!

▶ 너는 어떤 행동을 해서, 아니면 어떤 행동을 하지 않아서 죄책감을 느낀 적이 있니? 만약에 그런 적이 있다면, 죄책감을 줄이기 위해 무언가를 시도해 보았니? 그런 시도는 효과가 있었어?

▶ 네가 장의 입장이라고 생각해 보자. 이 책을 다 읽어 본 너라면 학교에서 아이들이 괴롭힐 때 로렌을 도와주기 위해서 어떤 행동을 했을까?

▶ 그리고 이번에는 장에게 도움이 될 수 있도록 어떤 조언을 해 줄 수 있을까?

괴롭힘, 어떻게 끝낼 수 있을까?

장이 죄책감과 두려움 사이에서 완전히 오도 가도 못하는 심정이었다는 걸 잘 알 수 있어. 처음에는 가해자들의 표적이 될 수도 있다는 두려움이 제일 강했어. 그리고 이제는 딱 보기에도 죄책감이 더 크지. 두려웠던 상황은 진작 사라졌기 때문이야. 사실 나라도 장이 친구들을 동원해 로렌을 도왔다면 좋았겠다고 생각해. 그랬다면 로렌에게도 친구가 있다는 걸 보여 주었을 테니까. 로렌을 지켜 주는 사람이 여러 명 있다고 말이지. 로렌이 괴롭힘을 당한 건 혼자 있었기 때문이잖아. 그렇지만 장의 친구들이 제안을 받아들이지 않을 수도 있어. 그 친구들도 장과 같은 걱정을 할 테니 말이야.

충분히 장은 죄책감을 느낄만 해. 그런데 이 죄책감이 장을 계속 짓누르기 때문에 문제가 돼. 이 죄책감을 해결하지 않는다면 계속 곱씹고 힘들 뿐 장에게는 아무런 도움도 되지 않을 거야. 그래서 나는 장에게 물었어.

"지금 여기서 로렌을 직접 만난다면, 그 당시에 연대 의식과 용기가 부족했던 일을 어떻게 만회할 수 있을까? 1주일 동안 혼자 생각해 보고 다시 만나서 이야기를 나누어 보자."

장은 다시 나를 찾아왔어. 1주일 전보다는 얼굴에 미소를 띠고 있었지. 그리고 이렇게 말했어.

"로렌에게 사과 편지를 보내볼 수 있을 것 같아요. 그리고 주말에 로렌을 만나러 기차를 타고 가도 괜찮을지 부모님과 로렌에게 물어보고 싶어요. 만약에 로렌이 괜찮다고 하면, 제가 그렇게 비겁하게 굴었던 일을 얼마나 미안하게 생각하고 있는지 다시 고백할 거예요. 그리고 새로 다니는 중학교에서 어떻게 지내는지 물어볼 거예요. 혹시 학교에서 잘 지내지 못한다고 하면, 이 책을 읽어 보라고 권하면서 같이 부메랑 전략을 찾아볼 거고요"

"잘 생각했네. 혹시 로렌이 너를 만나지 않겠다고 하면 어떻게 하지?"

"로렌이 벌써 좋다고 허락했어요."

장은 한층 더 환한 미소를 지으며 내게 답했어.

네가
직접 해볼
차례야!

▶ 너라면 로렌을 괴롭히던 아이들에게 뭐라고 말했을까?

▶ 다음에 네가 괴롭힘을 목격하게 되면 어떤 행동을 할거야?

▶ 너라면 네가 로렌 편이라는 사실을 어떻게 보여 주었을까?

아래 질문에 '맞아' 또는 '틀렸어'라고 답해 보면서, 괴롭힘이 무엇인지 다시 한번 확인하자!

1 괴롭힘을 당하는 아이들은 항상 신체적인 결함 등을 지니고 있다.

2 어른들이 개입하지 않으면 어린이들은 괴롭힘에서 벗어날 수 없다.

3 가해자 스스로 자신이 나쁘다는 것을 깨달아야 괴롭힘이 끝난다.

4 인기는 아주 중요한 개념이다. 학교에서 벌어지는 일을 이해하도록 도와 주기 때문이다.

5 한 아이가 다른 아이를 보호해 주면 효과가 있을 수도 있다.

6 학교 폭력 문제를 해결하려면, 이미 시도했던 방법을 끈질기게 계속 시도해야 한다. 그 방법을 충분히 열심히 하지 않은 것이기 때문이다.

7 좋은 화살은 누군가가 행사하는 폭력을 다시 가해자에게 돌려준다.

8 가해자의 전형적인 유형이 있다.

9 대응책은 매번 달라진다. 누가 괴롭히는가에 따라 달라지기 때문이다.

10 180도 법칙은 문제를 지속시키던 요소들을 멈춰준다.

(1) 틀렸어. 괴롭힘 피해자의 전형적인 유형 같은 건 없어. 다른 아이들과 차이를 지니고 있으면서도 오랫동안 괴롭힘당하지 않고 지내는 아이들도 아주 많아. 왜일까? 그 아이들이 스스로를 지키는 법을 알고 있어서일 수도 있고, 또는 실제 여부와는 상관없이 잠재적인 가해자들에게 스스로를 지킬 줄 안다는 인상을 심어 주어서일 수도 있어.

----

(2) 틀렸어. 많은 어른은 이 말이 맞다고 생각해. 그렇지만 실제로는 어른들이 아이들을 대신해서 개입하는 것보다, 괴롭힘을 멈추게 할 만한 방법을 아이가 생각해 보도록 도와주는 편이 훨씬 효과가 좋아.

----

(3) 틀렸어. 가해자들이 괴롭힘을 멈추는 이유는 본인이 나쁘다는 사실을 깨달아서가 아니야. 괴롭힘을 이어가다가는 자기

207

인기에 해가 될 수도 있다는 느낌을 받기 때문이야.

⑷ 맞아. 어른들은 이런 인기의 중요성을 간과하곤 해. 어린이나 청소년에게 제일 끔찍한 악몽이 바로 친구 하나 없이 혼자서 지내는 거야. 그리고 이런 두려움은 학교에서 벌어지는 많은 일을 확실하게 설명해 줘.

⑸ 맞아. 한 아이가 다른 아이를 도와주려고 개입하는 행동은, 괴롭힘을 당하는 아이에게 친구가 있다는 의미가 돼. 혼자서 지낸다는 점이 취약성의 징표가 되는 경우가 많아. 반면에 어른이 개입하는 행동은, 괴롭힘을 당하는 아이가 스스로를 지킬 수 있는 능력이 없다는 의미가 돼. 그러면 도리어 괴롭힘 가해자를 자극할 수가 있어.

⑹ 틀렸어. 어떤 해결책을 네다섯 번 넘게 시도해 봤는데 전혀 효과가 없다면, 180도 황금 법칙을 활용해야 해. 그러지 않으면 의도와는 달리 상황이 나빠질 거야.

⑺ 맞아. 바로 이런 이유로 이 화살을 저항의 화살이라고 부르는 거야. 이 화살은 공격이 일어났을 때만 쏠 수 있어. 그러지 않으면 이 화살은 전혀 쓸모가 없어.

⑻ 틀렸어. 그 악명 높은 '인기 증후군' 때문에 혼자 있을 때는 아주 친절하던 어린이나 청소년이 무리에 들어가면 아주 못되게 구는 경우가 많아.

⑼ 맞아. 알맞은 대응책을 찾아내려면 괴롭힘 가해자를 아주 꼼꼼하게 살펴봐야 해. 안 그러면 그 대응책은 충분히 날카로워질 수가 없어. 그러면 효과가 훨씬 떨어질 거야.

⑽ 맞아. 이름에서 드러나듯이, 180도 법칙은 문제를 해결하기 위해 이미 시도했던 방법과 정반대로 방향을 바꿀 수 있게 도와줘. 여기서 이미 시도했던 방법들이란 오히려 우리의 바람과는 달리 상황을 악화시켰던 방법들이지.

더 나아가기

괴롭힘이란 무엇일까?

괴롭힘은 언어 혹은 신체적인 폭력이 반복되는 것이라고 정의할 수 있어. 한 사람 또는 여러 사람이 스스로를 보호할 수 없는 사람에게 하는 행동이야. 괴롭힘이 지닌 세 가지 특징과 이에 관한 설명은 다음과 같아.

▶ 폭력성: 괴롭힘은 사람들 간의 권력 및 지배 관계에서 이루어져.

▶ 기간: 괴롭힘은 오랜 기간 반복되는 공격이야.

▶ 빈도: 괴롭힘은 자주 반복되는 공격이야. 심각한 괴롭힘은 하루에도 여러 번씩 반복돼.

이게 괴롭힘의 공식적인 정의야. 그렇지만 내가 보기에는 여기에 따돌림이 빠져 있어. 따돌림은 꼭 눈에 띄게 폭력적이라고는 할 수 없지만, 무척 고통스럽게 한다는 점은 똑같으니까. 그렇기에 학교 폭력이 법에 따라 처벌받는 행동인 거야.

다른 사람들에게만 벌어지는 일이 아니야!

2011년 유니세프의 요청으로 '학교 폭력 감독 센터'에서 실시한 조사에 따르면, 초등학생부터 고등학생까지 프랑스 학생들 약 70만 명이 지금도 괴롭힘을 당하고 있어. 그 가운데 약 40만 명이 심각한 괴롭힘을 겪고 있지. 조금 더 자세히 설명하자면 다음과 같아.

▶ 초등학생의 12퍼센트가 괴롭힘을 당해. 전체 초등학생 약 250만 명 가운데 약 30만 명이야. 그리고 학생들의 5퍼센트, 그러니까 초등학교 4~5학년에 다니는 초등학생들 약 12만 명이 심각한 괴롭힘을 겪어. 이 수치는 유니세프를 대신해서 국제 학교 폭력 감독 센터가 실시한 조사 결과야.

▶ 중학생의 10퍼센트가 괴롭힘을 당해. 그러니까 전체 중학생 약 350만 명 가운데 약 33만 명이야. 그리고 중학

생의 7퍼센트가(약 24만 명) 심각한 괴롭힘을 겪어. 이 결과는 교육부의 평가, 전망 및 수행팀Depp이 2011년과 2013년에 조사를 실시해 알아냈어.

▶ 고등학생의 3.4퍼센트가 괴롭힘을 당해. 다시 말해 전체 고등학생 약 220만 명 가운데 약 8만 명이야. 그리고 고등학생의 1.3퍼센트가(약 3만 명) 심각한 괴롭힘을 겪어.

이 통계 수치는 초등학교 고학년과 중학교에서 괴롭힘이 일어날 위험이 가장 높다는 점을 보여 줘. 그리고 학생 5명 가운데 1명이 온라인상의 괴롭힘을 겪는 것도 알 수 있지. 게다가 중학생의 4.5퍼센트가 온라인 괴롭힘 피해자야. 인터넷, 휴대 전화, 나아가서는 소셜 미디어 사용 때문에 학생들 사이에서 일어나는 괴롭힘이 학교 건물 바깥으로까지 이어지고 있어.

한국의 괴롭힘은 어떨까?

한국의 교육부 산하 17개 시도교육청이 실시한 2024년 1차 학교 폭력 실태 조사 결과에 따르면 초등학생부터 고등학생까지 한국 학생들 약 7만 명이 여전히 괴롭힘당하고 있는 것으로 파악돼. 하지만 최근 3년간 피해응답률이 줄어드는 추세야. 자세한 건 다음과 같아.

▶ 학교 폭력 전수 조사 결과 언어 폭력이 가장 높은 비중을 차지하고 있어. 전년 대비 2.3퍼센트 증가했다고 해. 신체 폭력의 비중은 전년 대비 1.8퍼센트 줄어들었어. 사이버 폭력은 전년 대비 0.5퍼센트 상승했어. 폭력의 비중이 증가한 유형은 '집단 따돌림', '성폭력', '금품 갈취'라고 해.

▶ 폭력을 목격했다는 수치도 증가했어. 2024년에 초등학교에서는 8.5퍼센트, 중학교에서는 5.1, 고등학교는 1.4퍼센트로 나타났어. 누군가 피해를 입는 사실을 주변에 알리거나 도왔다는 응답도 모두 증가하는 추세야. 이는 적극적 신고 독려 및 예방 교육의 효과가 나타나고 있다는 것이지.

이 조사는 폭력을 예방하고 함께한다는 인식이 널리 퍼질수록 괴롭힘이 줄어들 수 있다는 것을 보여 줘. 아직까지는 온라인 상에서 발생하는 괴롭힘이 증가하는 추세이지만, 이 책에서 알려 주는 괴롭힘 예방 대책을 통해 함께 폭력을 근절해 보자!

감사의 글

세심하게 곁을 지켜 준
그리부이유와 플랑 대장(젠과 낫)에게 바칩니다.

이 모험을 시작할 수 있게 도와준 나탈리 리셰에게 감사합
니다. 리셰는 저를 이끌어 주며 한 번도 방향을 잃는 적 없이
언제나 열정적이고, 창의적인 올바른 판단을 내려 주었습니다.
편집자 뤼세트 사비에게 감사합니다. 사비에는 언제나 좋
은 그림을 그리는 리사 만델을 설득해 주고, 짤막한 대화만으
로도 저를 믿어 주었으며, 제가 페미니즘에 그다지 익숙하지
않았을 때에도 저를 이끌어 주었습니다.
나탈리 구종에게 감사합니다. 이 책을 구종에게 바칩니다.
구종이 없었다면 이 작업은 빛을 잃고 말았을 것입니다.
팀원들인 뮈리엘, 마갈리, 세실, 아망다, 아멜리, 베네딕트,
베아트리스 그리고 놀라운 알린느에게 감사합니다. 팀원들은

항상 낮이나 밤이나 할 것 없이 화살을 벼리려고 노력합니다.
아이들을 위해서 말이죠.

집에 있는 네 아이에게 감사합니다. 아이들이 먼저 글을 읽어 주었죠. 아이들은 언제나 저를 사랑해 줍니다.

남편에게 감사합니다. 남편은 파도가 거세게 몰아칠 때마다 팔을 벌려 저를 맞이해 줍니다. 파도가 세차지 않을 때에도 마찬가지지만요.

에마뉘엘 피케

못살게 구는 친구에게 당당하게 맞서는 법

초판 1쇄 발행 2025년 2월 20일

지은이 | 에마뉘엘 피케
그린이 | 리사 만델
옮긴이 | 장한라
펴낸곳 | (주)태학사
등록 | 제406-2020-000008호
주소 | 경기도 파주시 광인사길 217
전화 | 031-955-7580
전송 | 031-955-0910
전자우편 | thspub@daum.net
홈페이지 | www.thaehaksa.com

편집 | 조윤형 여미숙 김태훈
마케팅 | 김민선
경영지원 | 김영지

ⓒ 에마뉘엘 피케, 2025. Printed in Korea.

값 18,500원
ISBN 979-11-6810-331-3 43330

"주니어태학"은 (주)태학사의 청소년 전문 브랜드입니다.

책임편집 김태훈
디자인 이유나